中等职业学校航空服务应用型人才培养规划教材

主编　辜英智

MINHANG SHANGWU YUNSHU

民航商务运输

编著　刘天刚　王艺茹

四川大学出版社

责任编辑:何　静
责任校对:周　颖
封面设计:墨创文化
责任印制:王　炜

图书在版编目(CIP)数据

民航商务运输 / 刘天刚，王艺茹编著. —成都：四川大学出版社，2015.8（2024.7 重印）
中等职业学校航空服务应用型人才培养规划教材 / 辜英智主编
ISBN 978-7-5614-8939-0

Ⅰ. ①民… Ⅱ. ①刘… ②王… Ⅲ. ①民用航空-旅客运输-中国-中等专业学校-教材 Ⅳ. ①F562.6

中国版本图书馆 CIP 数据核字（2015）第 204963 号

书名　**民航商务运输**

主　　编　辜英智
编　　著　刘天刚　王艺茹
出　　版　四川大学出版社
地　　址　成都市一环路南一段 24 号 (610065)
发　　行　四川大学出版社
书　　号　ISBN 978-7-5614-8939-0
印　　刷　成都金阳印务有限责任公司
成品尺寸　185 mm×260 mm
印　　张　12
字　　数　195 千字
版　　次　2015 年 9 月第 1 版
印　　次　2024 年 7 月第 14 次印刷
定　　价　25.00 元

◆读者邮购本书，请与本社发行科联系。
电话：(028)85408408/(028)85401670/(028)85408023　邮政编码：610065
◆本社图书如有印装质量问题，请寄回出版社调换。
◆网址：http://press.scu.edu.cn

中等职业学校航空服务应用型人才培养规划教材
编审委员会

总 序

随着社会的发展和科学的进步，人们生活水平不断提高，民用航空业发展迅速，呈现出爆发性增长趋势。

近年来，我国民用航空市场快速发展、潜力巨大，航空产业已形成颇具竞争力和影响力的航空经济发展模式，航空公司、机场、航空制造企业、航空维修企业、航空服务企业、航空教育与科研单位等对相关人才的需求与日俱增，为航空服务、航空市场营销等相关专业的毕业生提供了广阔的就业前景。

中等职业学校航空服务专业正是在这一背景下，适应市场需求而产生的。本专业立足于培养适应民航现代化建设需要，服务于生产和管理第一线，具有较高的思想政治素质的航空服务应用型人才。通过综合职业能力训练和全面素质的培养，使学生掌握从事民航旅客运输和管理的基本能力和技能，具有严谨的服务质量意识和良好的职业养成意识，熟悉航空服务的业务流程和工作要求以及有关的政策和法规，能灵活地运用航空英语及能商务礼仪，礼貌得体地与服务对象进行交往，能熟练地使用航空客舱各种设备和应急设备，具备空乘实务、空乘礼仪、语言能力、机舱救护能力、民航运输企业及航空商务管理与服务技能，能够为民航建设与发展做出自身贡献。

教材项目建设是一项系统工程，一定要体现民航学院的特色和成果，体现民航事业突飞猛进发展的时代特征和专业要求。为此，我们按照《中等职业学校航空服务应用型人才培养教材》的要求，注重实用性和适用性，将反映实际的教学设计和教学活动融入教材中，组织编写了这套中等职业学校航空服务应用型人才培养规划教材。

这套教材包括以下九种：《民航基础概论》《民航服务礼仪》《民航服务通用英语》《民航服务与沟通》《民航商务运输》《民航服务人员日常英语》《空中乘务实训指导》《民航安全检查实训指导》《民航空港地面服务实训指导》。主编辜英智，参与编撰的人员有王志鸿、刘天刚、王艺茹、黄代军、杨宇、罗娅兰、李洪祥、杨军、温善琨、杨玲、马秀英、周敏、唐冬、胡启潮、李清霞、石羽平等。其中，王志鸿负责整套教材的编审及统稿工作。在教材的编撰过程中，编撰者以严谨、认真的工作态度，反复斟酌、修改，力求以深入浅出的分析和生动具体的实例，编撰出能体现中等职业学校航空服务专业特色的系列教材，为我国民航事业的发展尽一份微薄之力。

教材的编撰，参考了一些相关文章和专著，引用了一些资料和图片，谨向这些著作的作者致以诚挚的谢意！教材的编撰和出版得到了成都东星航空旅游专修学院和四川大学出版社的大力支持。

成都东星航空职业学校教材编委会

2015 年 6 月

目录

第一章　航空运输概述

第一节　中国民航发展历程

一、旧中国时期（1920—1949）

1.“中国航空之父”冯如

冯如，家境贫寒，12 岁随父亲漂洋过海到美国谋生。

图 1-1　冯如

1903 年，冯如得知美国莱特兄弟发明了飞机后，决心要依靠自己的力量来制造飞机。他得到当地华侨的赞助，于 1907 年在旧金山以东的奥克兰设立飞机制造厂，1909 年正式成立广东飞行器公司，冯如任总工程师。公司于当年便投入飞机制造。他预见到飞机在军事上的价值，决心献身于新兴的航空事业，报效祖国。1909 年 9 月 21 日，冯如在奥克兰附近一个圆形山丘旁进行了第一次试飞。1910 年 3 月，美国莱特和亚屈在洛杉矶进行表演飞行。为学习先进技术，冯如专程前往参观，但表演者非常保守，限定观众必须远离表演场地。冯如虽然没有得到教益，却大长了奋发图强的志气。1910 年 7 月，冯如根据寇蒂斯的“金箭”和莱特兄弟的

“飞行者一号”，制作了第二架飞机。10月至12月，冯如驾驶它在奥克兰进行飞行表演，大获成功。1912年8月25日，冯如在广州燕塘的一场飞行表演中不幸失事牺牲，被追授为陆军少将，遗体安葬在黄花岗，并立碑纪念，被尊为“中国首创飞行大家”。2009年5月25日，中国空军司令员许其亮称冯如为“中国航空之父”。

图1—2 冯如和“冯如”一号

2. 旧中国航空事业

1918年，北洋政府交通部成立了筹办航空事宜处，这是中国最早的民用航空管理机构。1920年，中国开通了北京—天津航线，这也是中国第一条航线。该航线于4月22日试飞成功，5月8日正式开航，运载旅客和邮件。

1928年6月，国民政府交通部开始筹办民用航空。1929年5月，交通部出资60万元成立了沪蓉航空管理处，在上海、南京、汉口等地修建了5个飞机场，在上海建立了修理厂，同时购买了美国史汀生飞机公司地踹特式上单翼小旅客机4架。航线的上海—南京段于1929年7月开航，一年内飞行15万公里，载客1200人以及众多邮件。

图1—3 欧亚航空公司海报

1930年7月，沪蓉航空管理处并入中美合办的中国航空公司。1931

年 2 月，交通部与德国汉莎航空公司签订合办欧亚航空公司的合同。欧亚航空公司于同年 3 月成立，5 月开航，后发展为中央航空公司。

1933 年，粤、桂、闽、黔、滇五省官商合作，集资设立西南航空公司，购买美国史汀生飞机公司生产的小客机 4 架。1934 年 5 月，广州—梧州—南宁—龙州线开航，9 月广州—海口线开航。两条航线共长 1338 公里，抗日战争期间停航，抗日战争胜利后复航，1947 年停业。

图 1—4　中苏航空公司工作人员给飞机加油

1939 年 9 月 9 日，交通部与苏联中央航空管理局订立中苏航运合约，合资组建中苏航空公司。航线定为从哈密经迪化、伊犁到苏联的阿拉木图，长 1413 公里，在哈密与中国航空公司航线连接。航线在 1939 年 12 月 5 日通航，从重庆到莫斯科行程 4～5 天。公司有道格拉斯 DC—3 式民航客机 3 架。1948 年合约期满后停航。

二、新中国时期（1949 年至今）

1. 初创时期（1949—1957）

1949 年 10 月 1 日，中华人民共和国成立，开创了中国历史的新纪元，也拉开了中国民航发展的序幕。从 1949 年到 1957 年，新中国民航业在摸索中艰难前进，尽管遇到不少问题，出现了一些反复，但仍然得到了相对稳定的发展，为中国民航的发展打下了坚实的基础。

解放战争后期，中国航空股份有限公司（简称“中国航空公司”或“中航”）与中央航空运输股份有限公司（简称“中央航空公司”或“央航”）成为国民党政权的重要空中交通运输企业，同时国民党利用它们作为内战的工具。中国共产党策动了“两航”起义，强有力地削弱了国民党的军事运输，甚至改变了战争形势。“两航”起义归来的大批技术业务人员，成为新中国民航事业建设中一支主要技术业务骨干力量。

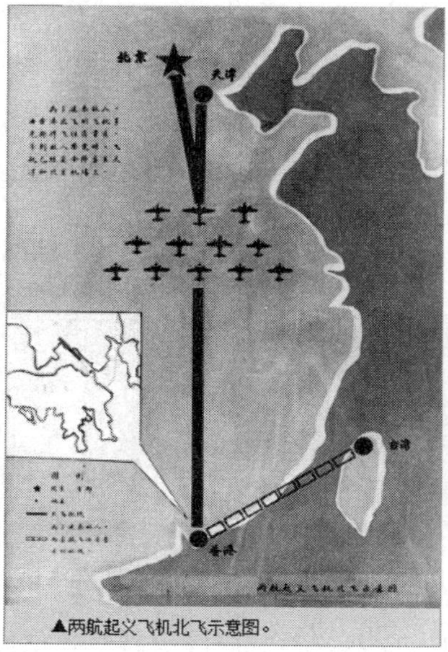

图 1—5　“两航”起义飞机北飞示意图

中华人民共和国成立后，党和政府十分重视中国民航的建设。1949 年 11 月 2 日，在人民革命军事委员会下设立了民用航空局，受空军司令部指导。

为了协助中国航空事业的发展，1950 年 3 月 27 日，中苏民航公司成立。该民航公司的成立打破了帝国主义对中国的封锁。同年 8 月起，先后开辟了天津—北京—汉口—重庆，天津—北京—汉口—广州和重庆到成都、贵阳、昆明等地的航线。

1952 年 5 月 7 日，民航局改归空军建制，直辖于空军司令部。民航局的行政管理与业务机构分离，改设民航局与民用航空公司。

1952 年 7 月 17 日，中国人民航空公司在天津正式成立。这是新中国创办的第一个国营航空运输企业，承担原军委民航局直接经营的全部航空运输业务和通用航空业务。1953 年 6 月，该公司撤销。虽然该公司只存在了 11 个月，但它在短暂的时间里却取得了不容忽视的成绩。

1953 年抗美援朝战争结束后，全国出现了政治稳定和经济初步繁荣的局面，为民航事业的发展提供了良好的条件。

1957 年 10 月 5 日，周恩来总理在看了中国民航关于中缅航线通航一周年的总结报告后批示："保证安全第一，改善服务工作，争取飞行正常。"这三句话科学地概括了民航工作的特点，是衡量民航建设的指导方针，是民航全体职工为人民服务宗旨的具体体现，是民航全盘工作质量的综合指标，它对中国民航事业的健康发展起到了极为重要的作用。

2. 调整时期（1958—1965）

1958 年至 1960 年，由于"左"倾错误的影响，新中国民航事业在发展中受到了重创。

1961 年，中共中央决定对国民经济实行"调整、巩固、充实、提高"的方针。随后的两年，在民航全体员工的努力下，中国民航事业重新走上了正轨，并取得了较大的发展。到 1965 年年底，国内航线增加到 46 条，北京—成都—拉萨航线正式开航。在国际上，中国也与多个国家签订了通航协定。由于航线的快速增加，民航局购买了苏制伊尔－18、英国子爵号飞机，正式从使用活塞式螺旋桨飞机过渡到使用涡轮螺旋桨飞机。在这个时期，中国民航实现了扭亏增盈。

图 1－6　苏制伊尔－18

图 1－7　英国子爵号飞机

3. 曲折发展时期（1966—1976）

“文化大革命”给中国造成了巨大损失。民航业也不例外，在这十年中，民航企业性质被否定，民航人才受到迫害，企业亏损增加。

林彪反革命集团策动的武装政变阴谋败露之后，于 1971 年 9 月 13 日乘飞机外逃叛国，途中机毁人亡。此次事件之后，中国民航总局在周恩来总理的关怀下逐渐复苏，并带动了其他方面工作的开展。1973 年 8 月，民航局从美国订购的一架波音－707 号客机到货，9 月正式投入运营。在这个时期，中国民航的国际航线发展到 8 条，同时恢复了在国际民航组织中的活动。

图 1－8　波音－707

4. 新的发展时期（1977 年至今）

1976 年 10 月，粉碎了“四人帮”反革命集团。中国政治与经济形势一片大好，尤其是十一届三中全会以后，经济得到了全面的复苏。同时，国际交往日益增多，民航事业也得到飞速发展。此后，中国民航在管理体制方面进行了改革，以原有 6 个管理局为基础，分别组建了 6 家国家骨干航空公司。同时积极支持各地、各部门创办航空公司。还将机场和航务管理分开，机场成为独立的企业单位，而航务管理归属政府部门，受地区管理局领导。民航总局作为国务院管理民航事业的部门，不再直接经营航空业务，主要行使政府职能，进行行政管理。

1980 年，中国民航购买波音－747SP 型宽体客机，标志着飞机的使用已部分达到国际先进水平。1983 年后，通过贷款、国际租赁和自筹资金相结合的方式，中国民航购买了一批包括波音和麦道等在内的多种型号的先进民航客机，使中国民航使用的运输飞机达到国际先进水平。与此同时，淘汰了一批老型号的飞机，加快了机型更新速度。到 1990 年年末，中国民航已拥有各种型号飞机 421 架，其中运输飞机 206 架，通用航空和教学教练飞机 215 架。大、中型客机的引进，客观上要求民航机场有与之相适应的发展水平和配套设施，民航机场建设出现了前所未有的兴旺局面。截至 1990 年年底，有民航航班运营的机场总数达到 110 个，其中能起降波音－747 型飞机的机场有 7 个。

“八五”期间我国共完成基本建设和技术改造投资 320 亿元，新建、迁建机场 19 个，改、扩建机场 15 个，同时新开工了一些大型机场建设项目。到 1995 年年末，有民航航班运营的机场 139 个，其中能起降波音－747 飞机的有 14 个，能起降波音－737 飞机的有 81 个。到 2000 年，全行业运输飞机达到 660 架左右，商载总吨位达到 1.35 万吨，客座数达到 9.6 万个，分别比 1995 年增加 71％和 58％。全行业通用航空飞机达到 600 架左右。2013 年，全行业完成运输总周转量 671.72 亿吨公里，其中国内航线完成总周转量 461.05 亿吨公里，国际航线完成 210.67 亿吨公里；全国民用机场完成旅客吞吐量 7.54 亿人次。截至 2013 年年底，全国共有颁证运输机场 193 个，有定期航线 2876 条，航空公司数量达到 46 家。

中国作为一个拥有13亿人口的大国，不仅是世界上的工业、贸易大国，而且在航空市场上也有着巨大的潜力。目前，我国民航业在党中央正确方针的指引下，正在稳步、快速地发展，中国正由民航大国转变为民航强国。

第二节 运输业及其特征

一、运输业与运输系统

1. 运输业

运输业是“交通运输业”的简称，指国民经济中专门从事运送货物和旅客的社会生产部门。

运输业在国民经济中占有重要地位。运输业一方面促进了社会经济的发展，同时也受到社会生产力发展的制约。因此，运输业要想快速发展，必须与社会经济的发展水平相适应，有效地利用社会资源。

2. 运输系统

运输业主要由五种运输方式构成，包括铁路、公路、水运、航空、管道运输等运输部门。每种运输方式都是独立的系统，不同的系统之间具有不同的特征。因此，运输系统具有以下五个特征：

(1) 明确的目的性。

(2) 运输系统是一个整体。

(3) 层次性突出。

(4) 各子系统之间相互关联。

(5) 运输系统的建设和发展必须与其外部环境相适应。

二、现代运输方式

随着社会经济的不断发展，运输工具的种类也不断增多，运输效率也不断增强。现代运输主要可以分为以下五种方式。

（1）公路运输

公路运输以汽车作为主要运输工具，它承担着我国80%以上的旅客运输和70%以上的货物运输。

图1—9　现代公路运输

（2）水运运输

水运运输是最早的运输方式，主要包括远洋运输、沿海运输、内河运输三种。

图1—10　大型货物运输

（3）铁路运输

现代铁路运输是以电力、内燃机为动力，沿陆地上固定轨道行驶的一种运输方式。

图 1—11　铁路运输

（4）航空运输

航空运输它是由航空器、民用机场、空中交通等子系统构成的现代运输方式。

图 1—12　现代航路运输

（5）管道运输

管道运输适用于输送液体和气体。按其输送对象的不同，可以分为输原油管道、输成品油管道、输气管道和输固体料浆管道。其中输固体料浆管道目前仍处于试验阶段。

图 1-13 现代管道运输

三、现代运输方式的优缺点

现代运输的五种方式虽然都是独立的，而且它们都具有不同的特点以及适用的领域，但是它们之间仍然有紧密的联系。五大运输系统彼此之间既相对独立又相互依存，共同组成了一个地区或一个国家的运输整体，是现代运输系统中的重要组成部分。现代运输方式的优缺点详见表 1-1。

表 1-1 现代运输方式的优缺点

运输方式	优 点	缺 点
公路运输	1. 机动灵活，适应性强 2. 可实现“门到门”直达运输 3. 运送速度较快 4. 前期投入少，资金周转快 5. 车辆驾驶技术容易掌握	1. 运量较小 2. 运输成本较高 3. 运行持续性较差 4. 安全性较低 5. 环境污染较大
水运运输	1. 成本低 2. 能进行低成本、大批量、远距离的运输	1. 运输速度慢 2. 受自然条件影响 3. 必须有江、河、湖、海才能进行 4. 连续性差
铁路运输	1. 速度较快，安全性较高 2. 运量大 3. 运输成本较低 4. 适合长距离运输	1. 占地面积大，建设成本高 2. 基础设施投入大

续表1-1

运输方式	优　点	缺　点
航空运输	1. 速度快 2. 运输路程短 3. 舒适、安全 4. 基础建设周期短，投资少 5. 灵活性强	1. 飞机机舱容积和载重量都比较小 2. 运载成本和运价比地面运输高 3. 飞行受气象条件限制 4. 国际竞争激烈
管道运输	1. 管道运输建设周期短、费用低 2. 运量大、占地小 3. 管道运输耗能少、成本低、效益好 4. 管道运输安全可靠、连续性强	1. 灵活性差 2. 适用性差

四、运输业的主要特征

运输业作为一种独立的行业，有着与工业、农业的不同之处，它主要具有以下的特征：

1. 运输业产品不具有实物形态

运输业的产品是旅客和货物在空间上的“位移”，是不产生新的实物形态的物质生产。

2. 运输不改变劳动对象的属性和形态

在运输生产过程中，确保旅客的人身安全和货物的完好无损是进行运输生产的首要责任，也是最基本的要求。

3. 运输业的劳动对象十分复杂，所有权不属于“加工”部门

运输业的劳动对象（所运送的）可以是人或各种类型的物资、原材料，其复杂程度是其他物质生产部门所不能比拟的。运输业对劳动对象没有所有权，不能对其进行选择和支配。

4. 运输业产品的生产和消费是同一过程

在其他物质生产部门，产品的生产和消费表现为空间上和时间上分离的两种行为，而运输业产品的生产和消费则是不可分离地结合在一起。例如，电教室所使用的电脑是由生产厂商在生产基地生产出各种零配件组装而成的，其终端用户购买后，使用电脑的过程才是消费的过程。

5. 运输业的产品不能调拨、储存和积累

正是由于运输业产品的生产和消费是同一过程，所以，运输业的产品具有不能调拨、储存和积累的特性。例如，航空旅客运输，飞机起飞离地，航空的运输生产过程就开始了，同时旅客也开始消费他们购买的商品——实现自身的“位移”。飞机在目的地降落，运输生产过程结束。

6. 运输业的产品直接向用户出售，不经过批发和储运等环节

这也是由于运输业产品的生产和消费是同一过程这一特性所决定的。

7. 运输产品的同一性

运输生产活动，无论运输对象是人还是物，各种运输方式都是生产同一产品——实现人或物的“位移”。这就决定了在保障所有运送客货完整无损和时间允许的条件下，可选用多种运输方式。

8. 资本密集型与沉没成本

运输业所需投资额度极大，其中尤以基础设施的投资额最大。这种行业具有资本密集的特点，一旦投资，其设施就很难移作他用，可以说其残值极低。因此，交通运输的设施投资后，一定要按原设想使用，若做他用，则难以收回投资，这是大部分交通运输投资具有沉没成本特性的重要原因。

9. 需求的快变性与供给的慢变性

一般商品的生产与销售可以通过仓储调节来实现，而运输产品则是实现位移，它是一种不可储存的过程。运输供给具有慢变的特性，但运输需求却具有快变的特征。需求量随时间、地点等条件的变化而快速变化，在种种快速变化的需求面前，运输供给难以及时地做出反应，但它又要尽可能地满足需求。所以，在运量急剧增加时，只好以大幅度的降低运输质量去适应需求，求得平衡，而在运量大幅度减少时，则只好闲置运力去求得平衡。

从以上运输业的特点我们可以看到，运输也是一个服务性行业。运输业不生产新的实物形态的产品，只是实现运输对象的“位移”，所以运输业是属于服务行业的。另外，运输企业必须最大限度地重视营销工作，由于运输产品既不能保存和积累，更不能积压，不能像其他生产有形产品的企业，可以将储存或积压的产品通过促销、降价等多种方式销售出去，所

以运输企业的市场营销工作显得尤为重要。

第三节　中国民航管理体制

一、中国民航管理体制改革

1978 年党的十一届三中全会召开后，我国进入社会主义现代化建设的新时期，民航业也得到快速发展。1980 年邓小平提出民航要企业化，为了响应党中央号召，民航开始全面改革，逐步走向了企业化的发展道路。

1. 第一阶段，始于 1980 年

在 1949 年至 1979 年的三十年间，中国民航管理体制变动频繁。民航总体上是一个以军队领导为主、政企合一、半军事化的行业，基本实行军事供给制，管理粗放。为了适应改革开放以及党的工作重心转移的新形势，1980 年邓小平同志提出“民航一定要企业化”，拉开了民航行政管理体制以“军转民和企业化”为核心的改革序幕。

1980 年 3 月 15 日，民航总局脱离空军建制，成为国务院的直属局，主管民航事务。同时，民航总局以中国民航名义直接从事航空业务，在各省（区、市）局逐步建立了独立经济核算制度，走上了企业化发展道路。

本次改革为民航发展注入了生机与活力，解放了民航生产力。1986 年，航空运输总周转量、旅客运输量和货邮运输量较 1980 年都得到了快速增长。同时，航空运输安全监管并未受到较大影响，航空运输安全水平较为平稳。

2. 第二阶段，始于 1987 年

1980—1986 年间，民航整体实行“政企高度合一”的管理体制，企业缺乏应有的活力，必须继续改革，实行政企分开。在这种形势下，1987 年开启了以“政企分开”“机场与航空公司分设”为主题的第二轮民航行政管理体制改革，分别成立六个地区管理局、六家骨干航空公司和六大机场。同时，民航各类企业、事业单位从民航局独立出来。

政企分开的市场化改革极大地促进了民航事业的发展，但基础设施、人员素质和管理水平跟不上行业发展速度，导致重大飞行事故和空防事件频发。新中国刚刚成立之时，民航局设在中央人民政府人民革命军事委员会之下。1952 年，建制改属空军。1954 年，改为国务院直属局。1958 年，改为交通部部属局。1962 年，改回国务院直属局。1969 年，划归解放军建制，成为空军的组成部分，普遍实行义务工役制。

国务院在 1993 年将中国民用航空局改称中国民用航空总局，属国务院直属机构，机构规格由副部级调整为正部级。

本次改革成效显著，一是进一步解放了民航生产力，各类市场竞争主体和竞争机制促使市场活力不断增强。1988—2002 年，我国航空运输周转量、旅客运输量和货邮运输量的年均增长率分别为 17.8％、13.9％和 15.4％。二是安全监管职能得到强化。1994 年以后，民航运输事故率下降明显。三是行业管理体制框架基本形成，民航局作为行业监管者的角色定位逐步明晰，监管职能逐步明确，初步形成了较为完善的民航管理体制。

3. 第三阶段，始于 2002 年

随着市场供求关系变化，民航业竞争日趋激烈，我国民航管理体制、运行机制方面存在的一些深层次矛盾和问题逐步显现，制约了生产力的进一步发展以及国际竞争力的提升。在这种形势下，2002 年开启了以“政资分开”“机场属地化”为主要内容的第三轮改革。改革方案明确民航总局承担民用航空的安全管理、市场管理、空中交通管理、宏观调控和对外关系等方面的职能，不再代行各大集团公司国有资产所有者职能，移交国务院国有资产管理部门管理。民航各省、区、市管理局实行政企分开，组建机场管理机构和航空安全监管办公室。实行机场属地化改革，除首都国际机场集团公司和西藏机场外，机场移交地方政府管理。

本次改革，是 1980 年、1987 年两次民航行政管理体制改革的延续和深化，是一次较为成功的民航行政管理体制改革。一是民航生产力快速提升。中国航空运输总周转量在 2005 年跃居世界第二位，并持续保持，确立了我国全球民航运输大国地位；二是航空运输安全水平明显提高，安全运输水平较前一阶段提升明显；三是机场属地化改革调动了地方政府发展民航的积极性，有助于推动综合交通运输体系建设；四是基本确立了适应社会主义市场经济、符合行业发展规律并与国际接轨的新型民航管理体制。

4. 第四阶段，始于 2008 年

本次改革是在探索建立大部门体制和加快推进综合运输体系的背景下推进的。根据《国务院机构改革方案》，将交通部、中国民用航空总局等机构的职责整合后划入交通运输部；组建国家民用航空局，由交通运输部管理；不再保留交通部、中国民用航空总局。但是，在改革实施过程中，执行不到位，交通部只是简单地更名为交通运输部，民航总局降格，变为隶属于交通运输部的部委管理的国家局。

本次改革成效不佳。首先，市场化改革未被置于改革的中心位置。本次改革没有延续市场化改革的方向，不是针对民航业自身发展阶段性主要问题的改革探索。

其次，安全监管能力下降，民航运输安全形势面临考验。民航局降为副部级后，与三大航空公司同级，安全监管权威下降，在安全监管上面临诸多困难；同时，丧失了必需的部门规章制定权，安全监管法律手段削弱。

第三，改革注重形式，综合运输体系的建设和发展与预期设计差距较大。一是铁道部游离于大交通体制之外，改革并未触及这一关键部门；二是建设综合运输体系的核心职能——综合运输规划职能仍然由发展和改革委员会履行，交通运输部难以有效推动综合运输体系建设；三是合并后的交通运输部仍然遵循了改革前的运行机制，原交通部和民航局两套人马各司原职，各行其是，改革形式大于内容。

二、中国民航运输组织——中国航空运输协会

中国航空运输协会的业务主管单位是中国民用航空总局，它接受民航总局的业务指导和国家社会团体登记机关的监督管理，协会会址设在北京。

1. 中国航空运输协会的性质、基本宗旨、工作方针及目标任务

（1）中国航空运输协会的性质。协会是依据我国有关法律规定，以民用航空公司为主体，由企、事业法人和社团法人自愿参加并结成的行业性的、不以赢利为目的的，经中华人民共和国民政部核准登记注册的全国性社团法人。

（2）中国航空运输协会的基本宗旨。遵守法律法规和国家的方针政策。按照社会主义市场经济体制要求，努力为航空运输企业服务，为会员单位服务，为旅客和货主服务，维护行业和航空运输企业的合法权益，促进中国民航事业的健康、快速、可持续发展。

（3）中国航空运输协会的工作方针。以党和国家的民航政策为指导，以服务为主线，以会员单位为工作重点，积极、主动、扎实、有效地为会员单位服务，提高经济效益，努力创造公平竞争、互惠互利、共同发展的健康和谐的航空运输环境。

（4）中国航空运输协会的目标任务。围绕国家改革发展大局，围绕企业经营的热点、难点，围绕维护会员单位合法权益，积极推进各项工作，坚定地走自立、自主、自律、自我发展的道路，以服务为本，把协会建设成中国航空运输企业之家、会员之家，以创新为源，把协会办成高效率和具有国际影响的先进社团组织。

2. 中国航空运输协会的业务范围

（1）宣传、贯彻党和国家关于民航业的路线方针政策、法律法规、标准制度及有关文件精神。

（2）研究国际国内民航市场发展形势、经济形势和世界动向，探讨航空运输企业建设、改革和发展中的理论与实践问题，在改革开放、发展战略、产业政策、科技进步、市场开拓、技术标准、行业立法等方面，为政府提供信息，并及时向政府有关部门反映会员单位的意见和建议。通过政策性建议，争取政府有关部门的指导和支持，为航空运输企业提供管理咨询等。

（3）根据民航总局的授权、政府部门的委托及会员单位的要求，组织对有关专业人员进行培训和资质、资格认证。

（4）传播国际国内航空运输企业先进文化，组织举办航展、会展。

（5）编辑出版协会刊物，为会员单位及航空理论专家、学者、业内人士提供知识、经验、学术交流平台。

（6）组织国内外培训考察活动，开展会员单位间的业务交流与合作，促进航空运输企业核心竞争力的提高和持续发展。

（7）协调会员单位之间各方面的关系，建立起公平竞争、相互发展的经济关系。

（8）督导做好航空销售代理人的自律工作，监督并约束会员单位业务代理行为规范，反对不正当竞争，维护航空运输企业的合法权益。

（9）在飞机引进、市场准入、基地设置等资源配置方面，为业务主管单位和航空运输企业提供评估报告，作为其决策依据之一。

三、中国民航七大地区管理局

中国民航七大地区管理局分别为：中国民用航空华北地区管理局、中国民用航空东北地区管理局、中国民用航空中南地区管理局、中国民用航空华东地区管理局、中国民用航空西南地区管理局、中国民用航空西北地区管理局、中国民用航空新疆管理局。

表 1-2　2014 年各地区管理局管辖的安全监督管理局

地区管理局	安全监督管理局									
华北地区管理局	北京	天津	河北	山西	内蒙古					
东北地区管理局	黑龙江	吉林	辽宁	大连						
华东地区管理局	上海	江苏	浙江	山东	安徽	福建	江西	厦门	青岛	温州
中南地区管理局	河南	湖北	湖南	广西	海南	广东	深圳	桂林	三亚	
西南地区管理局	四川	重庆	贵州	云南	丽江	西藏自治区管理局（代管）				
西北地区管理局	陕西	甘肃	宁夏	青海						
新疆管理局	乌鲁木齐	喀什（前身为阿克苏运行办）								

第四节　国内航线与机场

一、航线的定义及分类

飞机飞行的路线称为空中交通线，简称航线。航线不仅规定了飞行的具体方向，起始点与经停点，还根据空管的需要，规定了航路的宽度与飞行高度，以维护空中交通秩序，确保飞行安全。

按飞机飞行的起点、终点，航线可以分为三大类。

1. 国际航线

国际航线是指飞机飞行的线路跨越本国国境，通达其他国家的航线。

2. 国内航线

国内航线是指飞机飞行的线路、起点、终点、经停点均在一国境内。

3. 地区航线

根据国家的特殊情况，在一国境内与特定地区之间飞行的航线。（如中国内地与香港、澳门地区的航线）

二、航线网络

航空运输布局的三大要素是航线、机场和运力。运力配置随基地机场和运营航线的状况而定，因此，航空运输布局状况基本上取决于航空网络的结构形式和机场布局状况。航空运输布局能否达到资源的优化配置，其中航线网络采取何种结构形式是一个非常关键的因素。航线网络结构可采用城市对式、城市串式和中枢辐射式三种类型。

1. 城市对式结构

城市对式结构的基本特点是两地间都为直飞航线，旅客不必中转。适用于客货流量较大的机场之间。

图 1－14　城市对式结构

2. 城市串式结构

城市串式结构的特点是一条航线由若干航段组成，航班在途中经停获得补充的客货源，以弥补起止航站之间的运量不足。

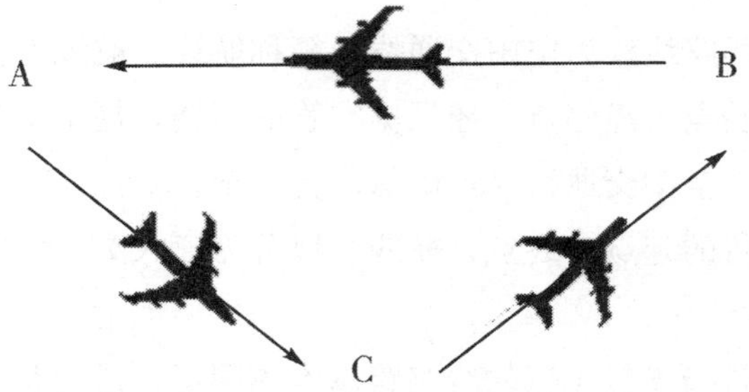

图 1－15　城市串式结构

3. 中枢辐射式结构

中枢辐射式结构由城市对航线和枢纽机场的辐射航线共同构成。通常要确定全国或区域范围内的中枢机场，它是区域内的航空客货集散地，与区域外的其他中枢机场之间有着便利的空运联系。

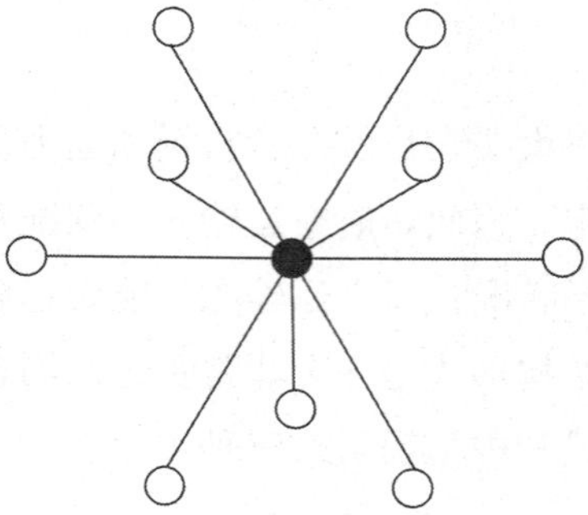

图 1－16　中枢辐射式结构

中枢辐射式航线网络主要是通过规模经济性来降低单位客公里的。航空公司首先使用满足支线需求的小型飞机将支线机场的旅客输送到枢纽机场，然后安排单位客公里成本较低的大型飞机将聚集的大量旅客运到旅客的目的地或者下一个枢纽机场再进行中转。尽管支线机场至枢纽机场的成本较高，但它可以由枢纽机场间运输的低成本来弥补，而枢纽机场间运输的低成本就是规模经济的体现。

采用枢纽机场进行中转需要旅客在这些机场航班集中，促进多种航班的对接。通常世界各个主要的枢纽机场的客流量都呈波浪状分布，当航运高峰到来的时候完成客流的集中运输，实现降低成本的目的。客流量较小的支线机场间不通航，这就可以用有限的航空资源实现较多城市的对接。这是其与点对点航线结构的最大区别。

三、机场

机场是指可供航空器起飞、降落、滑行、停放的场地和有关的建筑物及设施的总称。目前机场主要分为两大类：军用机场和民用机场。有少部分机场既作为军用机场，同时也作为民用机场。

1. 机场构成

机场作为航空运输的基地可划分为飞行区、地面运输区和候机楼区三个部分。飞行区是飞机活动的区域；地面运输区是车辆和旅客活动的区域；候机楼区是旅客登记的区域，是飞行区和地面运输区的结合部位。

图 1-17　机场地面运输区与候机楼区

2. 国内主要机场

(1) 北京首都国际机场

图 1—18　北京首都国际机场三号航站楼

北京首都国际机场是“中国第一国门”，是中国最重要、规模最大、设备最先进、运输生产最繁忙的大型国际航空港，是中国的空中门户和对外交流的重要窗口。

北京首都国际机场建成于 1958 年，一号航站楼于 1980 年 1 月 1 日正式启用，二号航站楼于 1999 年 11 月 1 日投入使用，三号航站楼于 2008 年 2 月 29 日和 3 月 26 日分两期投入运营。

一号航站楼为海南航空集团国内航班专用（包括海南航空公司、大新华航空、大新华快运、首都航空、天津航空）。

二号航站楼为中国东方航空公司、中国南方航空公司、厦门航空公司、深圳航空公司、重庆航空公司、海南航空（国际航班），以及天合联盟的外航和非联盟的外航服务。

三号航站楼为中国国际航空公司、深圳航空公司、山东航空公司、上海航空公司、四川航空公司，以及星空联盟的外航，寰宇一家的外航和非联盟的外航服务。

旅客乘机前需要确认不同的航站楼。为了方便旅客在不同航站楼之间换乘航班，机场新建连接 T1、T2、T3 三个航站楼之间的路侧摆渡车。

（2）上海虹桥国际机场

图 1—19　上海虹桥国际机场

上海虹桥国际机场始建于 1907 年。它的前身是建于 1921 年 3 月的虹桥机场，抗日战争时期被日本军队占领。上海解放后，重建虹桥机场，此后一直作为军用机场，直到 1963 年经国务院批准再次成为民用机场，并于 1963 年年底进行了大规模的改建和扩建，1964 年正式交付使用。

1984 年 3 月，上海虹桥国际机场候机楼工程再度扩建，同年 9 月 30 日扩建工程完工。扩建后的候机楼，使用面积比过去扩大了一倍。

1988 年，上海民航进行重大体制改革，实行政企分开，机场和航空公司分营，上海虹桥国际机场从同年 6 月 25 日起成为独立的经济实体。

1988 年 12 月，上海虹桥国际机场候机楼第三次扩建，于 1991 年 12 月 26 日完工。

作为上海第一个民用机场，上海虹桥国际机场经过多年的改、扩建，现已成为我国最大的国际航空港之一。目前，上海虹桥国际机场基本只有中国国内航线及港澳台地区航线和日韩等国际航线，大部分国际航线由上海市的另一个机场——上海浦东国际机场负责。

（3）上海浦东国际机场

图 1—20　上海浦东国际机场

上海浦东国际机场是中国（包括港、澳、台地区）三大国际机场之一，与北京首都国际机场、香港国际机场并称中国三大国际航空港。

上海浦东国际机场位于上海浦东长江入海口南岸的滨海地带，距虹桥机场约 40 公里。

上海浦东国际机场一期工程于 1997 年 10 月全面开工，1999 年 9 月建成通航。一期建有一条长 4000 米、宽 60 米的 4E 级南北向跑道，两条平行滑行道，80 万平方米的机坪，共有 76 个机位，货运库面积达 5 万平方米。同时，装备有导航、通讯、监视、气象和后勤保障等系统，能提供 24 小时全天候服务。

上海浦东国际机场航站楼由主楼和候机长廊两大部分组成，均为三层结构，由两条通道连接，面积达 28 万平方米。建有到港行李输送带 13 条，登机桥 28 座。候机楼内的商业、餐饮设施和其他出租服务设施面积达 6 万平方米。

目前，上海浦东国际机场日均起降航班达 800 架次左右，航班量占整个上海机场的六成左右。通航上海浦东国际机场的中外航空公司已达 60 余家，航线覆盖 90 多个国际（地区）城市和 60 多个国内城市。2011 年，上海两大机场共保障飞机起降 57.4 万架次，实现旅客吞吐量 7456 万人次，货邮吞吐量 353.94 万吨。上海浦东国际机场货运量排名全球机场第三位，客运量排名全球机场第20位。

（4）广州白云国际机场

图1—21 广州白云国际机场

广州白云国际机场地处广州市白云区人和镇和花都区新华街道交界处，距广州市中心海珠广场的直线距离约28公里。机场占地面积15平方公里，航站区按满足2010年旅客吞吐量2500万人次要求设计。其中，新机场一期航站楼面积为32万平方米，是国内各机场航站楼之最。楼内所有设施设备均达到当今国际先进水平。

目前，白云机场与33家航空公司建立了业务往来，已开通航线110多条，通达国内外100多个城市，保障机型近30种。是中国南方航空集团公司和深圳航空公司的基地机场。

（5）成都双流国际机场

图1—22 成都双流国际机场

成都双流国际机场是中国中西部地区最繁忙的民用枢纽机场，中国西南地区的航空枢纽和重要客货集散地。成都双流国际机场是前往拉萨贡嘎机场的最大中转机场，也是前往昌都邦达机场、林芝米林机场的唯一中转机场。机场位于四川省成都市双流区北部，距成都市中心约 18 公里，有高速公路与市区相通。

成都双流国际机场旅客吞吐量，2000 年突破 500 万人次，2004 年突破 1000 万人次，2009 年突破 2000 万人次，2010 年突破 2500 万人次，成为继北京首都国际机场、广州白云国际机场、上海浦东国际机场、上海虹桥国际机场、深圳宝安国际机场之后，全国第六大机场。2011 年，成都双流国际机场实现旅客吞吐量 2907.4 万人次，实现货邮吞吐量 47.77 万吨。2012 年，成都双流国际机场实现旅客吞吐量 3159 万人次，迈入“全球最忙机场”行列，成为继北京首都国际机场、广州白云国际机场、上海浦东国际机场、上海虹桥国际机场之后，全国第五个、中西部首个进入“3000 万级机场俱乐部”的机场。

经国务院批准，2013 年 9 月 1 日起，成都口岸对 45 个国家的外国人实施 72 小时过境免签政策，持有第三国签证和 72 小时内确定日期、座位前往第三国（地区）的联程机票，可以在不持有中国签证的情况下，从成都双流国际机场入境和出境，在成都市行政区划内停留 72 小时。成都机场口岸成为继北京、上海、广州机场口岸之后，中国第四个，也是中西部首个实施 72 小时过境免签的机场口岸。

成都双流国际机场是中国第四大航空枢纽（仅次于北京、上海、广州），中国中西部最繁忙的枢纽机场，西南地区最重要的航空枢纽港和客货集散地。

图 1—23　成都第二国际机场规划图

（6）成都第二国际机场

2008 年 3 月 4 日，成都第二国际机场项目情况出炉。机场地址已确定在简阳芦葭镇。该机场建成后，面积为双流国际机场的两倍，客运量可达到双流国际机场的五倍。

成都第二国际机场航站区内共有 4 座单元式航站楼，航站楼构型采用 2 座独立候机楼连接的方式，结合了单元式航站楼和集中式航站楼的优点。航站楼设置了国际和国内可转换机位，提高了应用的灵活性。飞行区设计则缩短了滑行距离和滑行等待时间。而在交通方面，将配合修建一条轻轨、一条高速和一条快速通道直达机场。

第五节 民航运输机队与航空器材

一、民航运输机队

1. 机型的选择

飞机是航空运输企业的主要固定资产。通过购买或租赁的方式引进飞机都需要占用大量资金，因此飞机的购买、租赁和机型的选择直接影响航空公司的长远效益，并在一定程度上影响航空公司的技术、管理水平和市场竞争能力。如何选择机型，是购买还是租赁飞机，机队的机型怎样配备以及机队规模多大，对于航空运输企业来说都是极为重要的事情。

机型的选择大致可以按以下步骤进行。

(1) 客观地进行市场预测

通过大量调查，即社会对航空需求状况及本公司历年运输情况的调查，以此为根据，通过数据分析进行市场需求预测。

(2) 科学地规划航线

在对航空运输市场需求预测的基础上结合本公司实际情况，对航线进行合理安排，包括：新辟航线的安排；直达或经停，与其他运输方式的连接；计算每条航线的总周转量和运输量；结合以上数据，初步提出所需机型。

(3) 确定备选机型

进一步考察备选机型安全、可靠、有效运送客货的能力，同时要考虑激烈的市场竞争。充分考虑所选机型对旅客的吸引力和维修技术、可靠性等各方面的经济、技术指标，结合航空公司自身的需要和能力，选定合适的机型。

2. 我国民航运输机队的现状

近年来我国民航业发展速度快，机队作为民航企业的核心资源也发生着变化。

2001 年我国民航共有 566 架飞机，2013 年上半年增长至 2035 架。

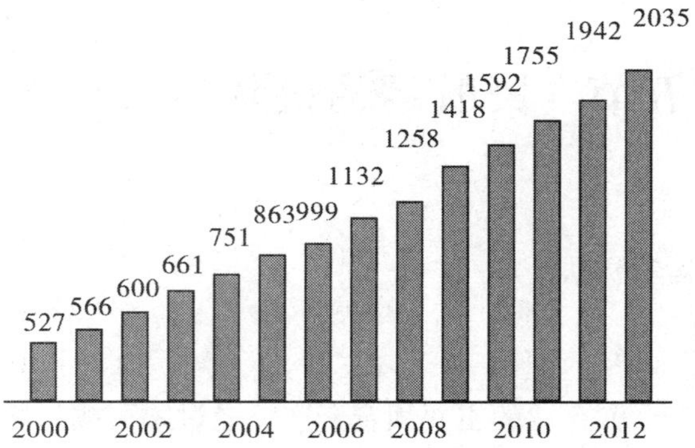

图 1—24　我国民航运输机队规模变化趋势

（1）窄体机为绝对主力，将长期占据统治地位。

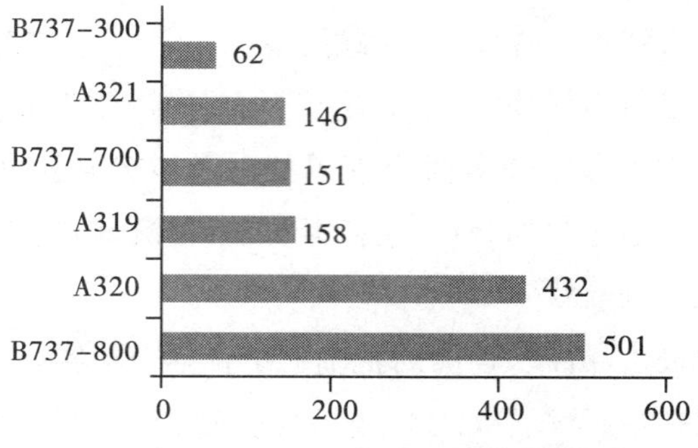

图 1—25　2013 年上半年窄体机数量明细

（2）B737、A320 分庭抗礼，A330、E145、E190 细分市场，独占鳌头。

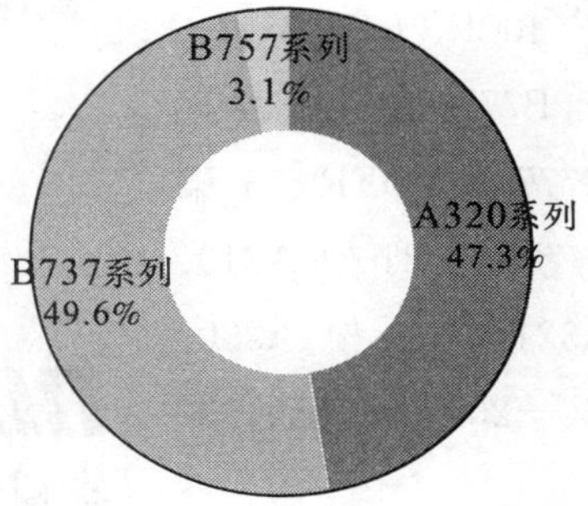

图 1—26　2013 **年上半年机型细分份额**

(3) 货机近年发展迅速，经营压力难以缓解。

近几年国家相继出台鼓励货运航空发展的政策，出于对市场前景的乐观估计，扬子江快运航空有限公司、东海航空有限公司、翡翠航空有限公司、长城航空有限公司、银河航空有限公司、顺丰航空有限公司、友和道通航空有限公司、长龙航空有限公司等一批货运航空公司先后成立，并纷纷大手笔引进全货机。2000 年以来，全货机的占比稳步上升，由 2000 年的 2.1%逐步提高到 2012 年的 5.4%。

然而好景不长，全球航空货运市场先后饱受全球经济危机、欧洲主权债务危机等劫难，近几年持续低迷。此外，我国的货运航空规模小、竞争力弱，全行业货机仅百余架，不到 FedEx 的六分之一。近年来的市场低迷、竞争不继导致我国航空货运出现了全行业亏损，翡翠航空有限公司、银河航空有限公司等公司甚至进入破产清算。航空货运业面临宏观经济形势严峻及国外竞争对手侵蚀市场的双重压力，前景不容乐观。

(4) 国航、东航、南航稳步增长，机队份额略有下滑。

近两年来，三大航主要着力于机型结构的优化，淘汰老旧运力。

(5) 小型公司在激烈的竞争中经受考验。

该阵营以新成立的民营公司为主，大浪淘沙，发展迥异。其中，鹰联航空有限公司被迫接受国资收编，改为成都航空外，奥凯航空有限公司、华夏航空有限公司仍在苦苦挣扎，而春秋航空股份有限公司、吉祥航空有限公司则保持迅猛发展势头。

中国国际航空公司运输机队目前总数为 348 架，其中包括 127 架 B737 系列（21 架 B737—700、106 架 B737—800)，13 架 B747 系列（4 架

B747－400、3架B747－400F、6架B747－8)，4架B757，36架B777系列（10架B777－200、20架B777－300ER、6架B777F)，119架A320系列（31架A319、38架A320、50架A321)，49架A330/A340系列（30架A330－200、19架A330－300)。

图1－27　中国国际航空公司标志

二、航空器材

航空器材包括一切为航空运输服务的设备及维修配件、工具和原材料。其核心是飞机，其他有关设备的配置，都是为了保证飞机正常运行、安全飞行和空运业务的有效经营。

航空器材可分为以下七类：

(1) 飞机、发动机及机载设备。

(2) 飞机外场维护和车间修理设备。

(3) 机场设施，包括通信、空中交通管制及气象设备等。

(4) 空港设施，包括客货运送及管理设备、机坪设备、场站特种车辆等。

(5) 空、地勤人员及其他业务人员的培训设备。

(6) 飞机、发动机及机载设备的维修备件、工具及原材料等。

(7) 其他设备的维修零部件、工具及原材料等。

课后练习

一、填空题

1. ______________被誉为“中国航空之父”。

2. ________年，北洋政府成立了中国最早的民用航空管理机构。

3. 新中国时期，民航发展经历了____________、______________、____________、____________________这四个阶段。

4. “两航”起义中，“两航”指的是__________、____________这两家航空公司。

5. 航线分为__________、___________、___________三类。

6. 航线网络包括__________、__________、___________。

7. 机场是由____________、____________、____________三个部分构成的。

8. ________________机场被称为中国第一国门。

二、简答题

1. 运输业的定义。

2. 简述运输系统的五个特征。

3. 简述现代运输的五种方式。

4. 中国民航有哪七大地区管理局?

5. 航线的定义。

6. 机场的定义。

7. 简述选择机型的步骤。

8. 简述七类航空器材的内容。

第二章 航空运输生产计划

第一节 航空运输生产计划概述

一、航空运输生产计划的内容

航空运输生产过程由地面的运输队生产组织、飞行组织保障和指挥调度等工作与空中的运输飞行两大部分组成。地面工作的总任务是保证出港飞机的安全、正点和有足够的载量，空中运输飞行的总任务是安全、迅速地把旅客和货物、邮件由一地运送到另一地。地面工作与空中飞行各有特点又互相联系，构成一个完整的航空运输生产过程。航空运输生产的这种构成，决定了航空运输生产计划的内容。

图 2－1 B747 装载货物

航空运输生产计划主要包括四个部分，这四个部分之间是相互联系、相互依存的，各项计划之间必须相互适应，衔接平衡。

1. 航线计划

航线计划是指按航线规定空中运输飞行主要任务量的计划。包括飞行班次、飞行小时等。

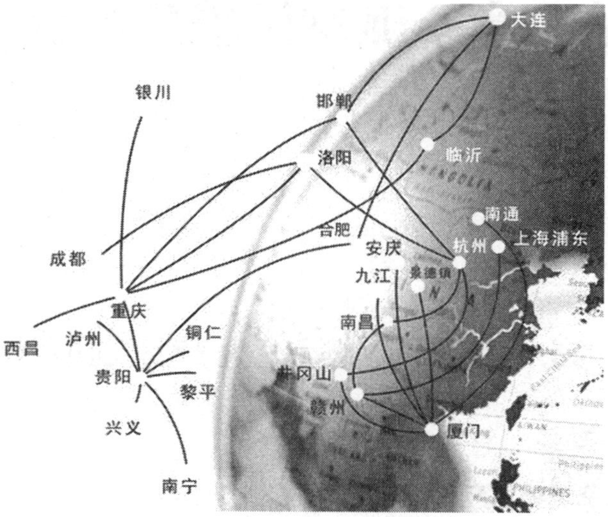

图 2-2　华夏航空 2014 年航线图

2. 航站计划

航站计划是规定地面工作主要任务量的计划。航站计划和航线计划相辅相成，一条航线连接两个或几个机场，相关航站的客货运量构成了航线运量。航线计划包括客座利用率、出港载运率等。

3. 航空运输生产综合计划

航空运输生产综合计划规定了航空运输生产全过程的主要任务。包括飞行小时、运输量、总周转量、收入等。

4. 航班计划

航班计划是规定航空运输正班飞行的航线、机型、班次和班期、时刻的计划。它是日常航空运输生产活动的重要依据。

二、航空运输生产计划的任务

航空运输生产计划的任务主要有：

（1）根据国民经济各部门对民航的需求，正确确定航空运输生产任务。

（2）合理地组织与协调航空运输生产活动。

（3）组织合理运输、提高运输质量，充分发挥企业潜力，为企业创造更高的社会、经济效益。

第二节　航班计划与航班时刻表

一、航班计划

航班计划是规定航班运输正班飞行的航线、机型、班次和班期时刻的计划。它是航空运输生产计划的具体体现形式，也是航空公司组织日常生产活动的重要依据。一家航空公司要想最大限度地获取利益，科学地制定航班计划是非常必要的。制定航班计划主要包括确定航线、班次、航班号、班期时刻等内容。

1. 航班

飞机从始发站起飞，按规定的航线飞行，经过经停站到达终点站的运输生产飞行称为航班。航班可以分为去程航班与回程航班、国际航班与国内航班、定期航班与不定期航班。

图 2—3　航班看板

我国民航的国内定期航班又分为长期定期航班和季节定期航班。

长期定期航班在执行期内，无论客货多少，航班的班期、时刻和航班号固定不变，也不可取消、变更。

季节定期航班是各个航空公司在长期定期航班的基础上，根据季节不同安排的航班，每年安排两次：每年 3 月的最后一个星期日至 10 月的最后一个星期六，执行夏秋季航班计划；10 月的最后一个星期日至第二年 3 月的最后一个星期六，执行冬春季航班计划。

2. 航班号

为便于组织运输生产，每个航班都按照一定的规律编有不同的编码以便于区别和管理，这种编码称为航班号。

（1）正班飞行国内航班号的编排

我国国内航班的航班号由承运人的二字代码和四位阿拉伯数字构成（个别地方航空公司编排方法不同）。这四位数字各有不同的含义。第一位数字表示执行本次航班飞行航空公司所在地区，第二位数字表示航班终点所在地区，第三、四位数字表示本次航班的具体序号，单数表示去程航班，双数表示回程航班。表 2—1 给出几家航空公司与第一位航班号之间的关系。

表 2—1　部分航空公司国内航班到工号的编排

航空公司	二字代码	第一位航班号
中国国际航空股份有限公司	CA	1、4、8、9
中国南方航空股份有限公司	CZ	2、3、4、6
中国东方航空股份有限公司	MU	2、5、7、9
海南航空股份有限公司	HU	7
四川航空股份有限公司	3U	8
西藏航空有限公司	TV	9
成都航空有限公司	EU	2、6

（2）正班飞行国际航班号的编排

我国国际航班号由承运人二字代码加三位数字构成。三位数字中，第一位表示执行飞行任务时所属的航空公司，后两位表示具体航班序号，单数为去程航班，双数为回程航班。

（3）加班飞行航班工号的编排

加班飞行的航班号由执行加班飞行的航空公司二字代码和四位数字组成，与正常航班的航班号编排不同的地方在于第三位和第四位，这两位数限定为从 91 到 00。同样，单数为去程航班，双数为回程航班。

例：国航增加北京至广州的往返航班 CA1391/CA1392。

3. 班期

班期是指每周班次确定后具体安排在哪几天飞行。航班若当天往返，则在去程栏和回程栏填写同一日期；如果航班往返时间在一天以上，则在去程栏和回程栏内分别填写始发日期和回程到达日期。

班期应该均匀分布，这样既方便了旅客和货主，同时也便于民航企业自身的客货组织工作。

洛阳飞往				返程洛阳	
目的地	航班号	星期	起飞时间	航班号	起飞时间
香港（增开）	CZ3048	一、五	15:10	CZ3047	12:00
北京	MU5696	每日	10:25	MU5695	12:55
北京（未变）	MU5228	每日	21:50	MU5227	19:20
上海（未变）	MU5390	每日	15:20	MU5389	07:45
广州	CZ3364	一、三、五、日	11:45	CZ3363	09v00
呼和浩特	CZ6511	二、四、六	11:30	CZ6512	13:40
深圳	CZ6512	二、四、六	15:40	CZ6511	08:05
重庆	G52696	二、四、六	22:15	G52695	11:10
成都	G52712	二、四、六	17:25	G52711	20:15
杭州	G52718	二、四、六	12:50	G52717	15:10

图 2—4　洛阳航班进出港信息

4. 班次

起飞时刻通常以一周为一个周期，班次指在一周内航班执行的次数。每周班次需要根据运量、运力、机型和经济效益等因素来综合确定。

5. 起飞时间

影响起飞时间的因素很多，如季节、气候、机场条件、机场的合理使用、航线流量、方便客户等因素。

二、航班时刻表

航班号	出发地	目的地	出发时间	到达时间	班期	开始日期	结束日期
CZ3000	北京首都机场	广州白云机场	10:00	13:15	1234567	11-10-17	11-10-26
CZ3999	广州白云机场	北京首都机场	16:00	19:15	1234567	11-10-17	11-10-26
CZ6000	北京首都机场	上海浦东机场	10:00	12:15	456	11-10-27	11-10-29
CZ6999	上海浦东机场	北京首都机场	15:00	17:25	456	11-10-27	11-10-29

图 2-5　南航首架 A380 客机 10 月份执飞航班时刻表

航班时刻表主要具有两大重要功能：

第一，民航企业需要根据它来组织日常运输工作，布置定期航班的运力，调配人员，并对其进行管理。

第二，它是向社会介绍民航运输生产的一种重要形式。随着经济的快速发展，越来越多的人在出行时选择乘坐飞机。航班时刻表能向旅客详细地介绍本航空公司的班期时刻、航线、机型、餐食等各方面情况，以争取更多旅客，提高企业的生产效益。因此，充分利用航班时刻表来宣传企业，能有效地提高航空运输企业的市场占有率。

第三节　航空运输生产的组织与调度

一、航空运输生产的组织机构

航空运输企业的市场、营运和生产调度三个部门主管航空公司的生产组织与调度。

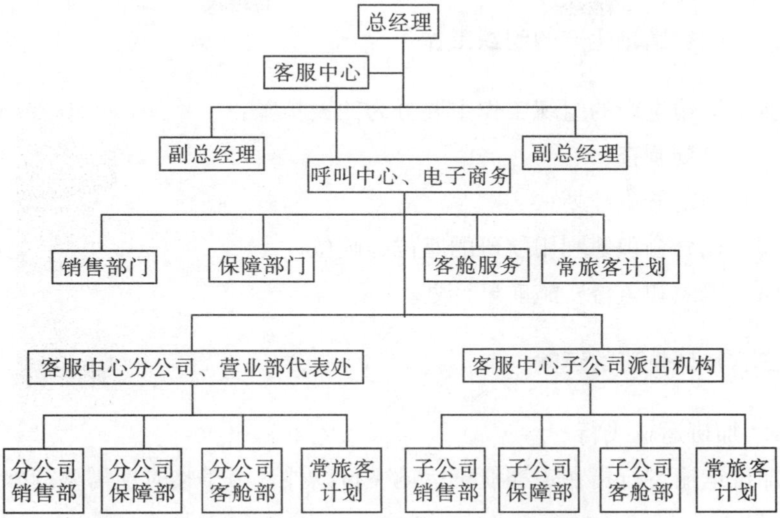

图 2—6 我国航空公司客服中心运营组织结构图

市场部门主要负责市场调查和预测，开拓销售渠道，协调运输部门和计划部门的工作，参与新航线的开辟和企业文化的宣传等活动。

营运部门包括客运、货运和售票等业务部门。客运部门主要负责机场值机工作、旅客行李运输和旅客服务等。货运部门主要负责货物的运送和货物交付等业务。售票部具体负责航班座位控制，办理旅客订座和客票销售等业务。

生产调度是负责协调运输、飞行、机务、航行等业务部门的工作，并负责处理日常运输生产业务的机构。

图 2—7 机场调度员正在工作

二、航空运输生产的组织工作

航空运输生产的组织工作主要分为四大步骤：

（1）市场调查；

（2）制定航班计划；

（3）充分合理地利用航班的座位、吨位；

（4）组织和监督实施航班计划。

三、特殊航班的运输

1. 加班运输飞行

加班运输飞行指在定期航班运输飞行以外，由于临时性需要额外增加的飞行。

2. 包机、专机运输

（1）包机运输

凡包用民航飞机，用以载运旅客、货物或客货兼载，都属于包机运输。包机是由于旅客身份重要、人数较多或者货物的性质特殊，数量较大，而且任务急迫，无法利用定期航班满足其要求而产生的一种临时性的专用运输。

（2）专机运输

运送我国党、政领导人和外国国家元首或重要外宾的包机称为专机。

图 2—8　专机

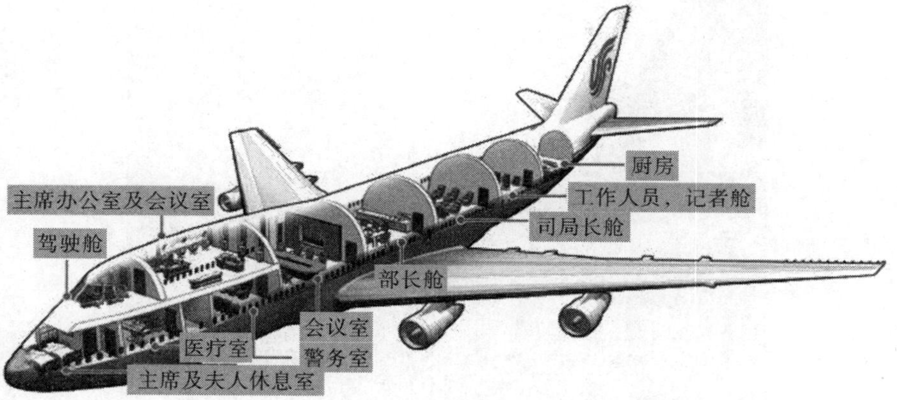

图 2-9　专机内部构造示意图

第四节　民航运输飞行的组织与实施

要想飞行秩序正常，运输飞行的组织与保障工作是必不可少的。运输飞行的组织与保障工作是一项既细致又复杂的工作，需要在各级航行调度部门的协作下完成，任何一个部门“掉链子”都可能导致飞行安全事故。

运输飞行的组织与实施必须遵循安全第一、稳妥可靠、计划周密、准备充分、相互配合、按章操作、集中统一的基本原则。

根据民航运输生产的原则，民航运输飞行的组织与实施可分为以下四个阶段。

一、飞行预先准备阶段

预先准备工作通常是在飞行前一日进行，只有在接到临时任务或紧急任务时，方可在飞行前与直接准备工作合并，一起进行。

在这一阶段，主要做的工作包括：制定次日的飞行计划；召开预先准备会议；进行飞行生产和保障飞行生产的准备工作。

运输服务部门需要根据运输飞行生产计划制定客货配载方案和机组餐饮供应计划，并通知相关部门。

图 2—10　航空食品的装载

二、直接准备阶段

直接准备阶段是在预先准备的基础上，在起飞前后进行的各项准备工作。无论在什么情况下，机组、各飞行保障部门和为旅客提供服务的部门，都不可忽略直接准备阶段的工作。

直接准备工作包括：研究当天天气情况；检查飞行前的各项准备工作；客货的装载和安全检查等工作。

运输部门根据生产飞行计划和飞行签派室的通知，及时安排旅客上下飞机和进出站，组织货邮行李搬运装卸，检查机上地面服务工作及机上供应品的配备，计算飞机载重平衡和货物的固定，最后需要办理运输所需的各种文件和手续。

三、实施阶段

这一阶段是运输飞行组织与实施中最关键的阶段。在这一阶段，各个部门之间的配合和工作质量关系到飞行安全、服务质量等重大问题。

四、飞行讲评阶段

飞行结束后，各部门对运输生产的情况进行工作总结。对于航空飞行中出现的问题，尤其是安全问题，要认真分析原因，总结经验，提出改进建议和解决措施。对于违章操作，相应人员应该受到处理；对于发生的各种事故和事故征候，必须及时处理，并按要求逐级上报。

课后练习

1. 简述航空运输生产计划的任务。
2. 什么是季节定期航班？
3. 简述我国国内航班号的编排。
4. 航班时刻表有哪两大重要功能？
5. 简述航空运输生产组织机构的主要职能。
6. 简述民航运输飞行的组织与实施。

第三章 民航旅客运价

第一节 民航旅客运价概述

一、运价的定义与特点

运价是运输产品的价格，是运输产品价值的货币表现，是单位旅客及单位货物一定运输距离的价格。民航运价是经批准的民航运输产品价格的总称。

运价具有以下特点：

（1）运价与运输距离有密切关系；

（2）运价只有销售价格一种形式；

（3）运价随运输对象、方式、数量和距离的不同而变化。

二、民航运价的特点

民航运价是指民航旅客运输劳务和货物运输的销售价格。民航运价具有以下特点：

（1）运输价格高；

（2）有比较复杂的价差体系，灵活性大；

（3）运价与运量的变动有密切的关系。

三、民航运价的制定原则

民航运价的制定遵循以下原则：

(1) 以运输价值为基础，以运输成本为主要依据；

(2) 符合商品定价原则，保证合理利润，确保企业的正常运转；

(3) 有利于运量在各种运输方式之间的合理分配；

(4) 有利于提高载运率、客座率，促进运输企业的发展；

(5) 照顾消费者的利益。

四、民航运价的制定方式

在实际工作中，运价由运输成本、利润和税金等要素组成。

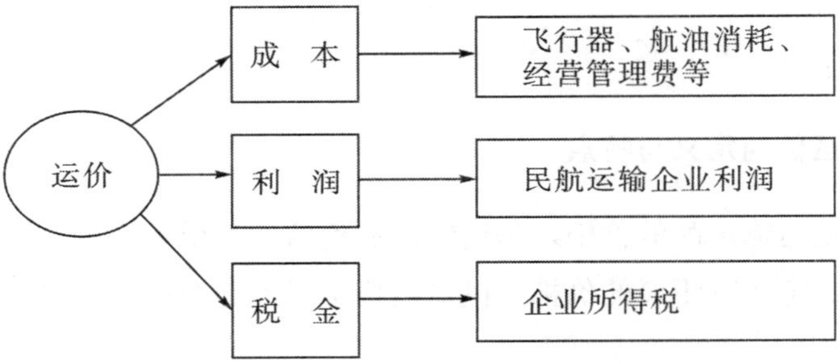

图 3-1　运价的构成

第二节　国内航线旅客运价

一、国内航线旅客运价的形式

国内航线旅客运价主要由票面价格加税金的形式构成。

票面价根据舱位的不同分为三种：头等舱票价，其价格为经济舱全价的 150%～400%；商务舱票价，其最低价格可能和经济舱全价一样，最高价格可达到经济舱全价的 200%左右；经济舱票价。

国内客票价税主要由机场建设费和燃油附加费构成。

机场建设费一般按照所使用机型征收：100 座（含）以上的飞机，每人收取 50 元；100 座以下的飞机，每人收取 10 元。

燃油附加费主要根据飞行公里数来征收：800 公里（含）以下航段 40 元；800 公里以上 70 元。购买儿童票的旅客，800 公里（含）以下航段 20 元；800 公里以上 30 元。婴儿免收燃油附加费。

二、国内航线旅客运价制定中存在的问题

国内航线旅客运价制定中存在以下主要问题：

（1）缺乏合理的科学依据，具有一定的主观随意性；

（2）票价单一，不适应多种需求；

（3）航空低价竞销，恶性竞争屡禁不止；

（4）销售代理过多，销售行为不规范。

第三节　国际航空旅客运价

一、国际航空旅客运价的形式

国际客票由票价和税金两大项构成。税金一般包括：机场建设费；航空公司收取的战争保险费；燃油附加税；代各国政府收取的门户城市检疫税、过境税、出境税、入境税、人头税、安检税；等等。

国际机票的税金根据当天的银行汇率转换成出票当地的货币计算。由于每天的汇率不同，税金以出票当天结算的价格为准，但变化幅度不会很大。由于税金与各个国家政策和银行汇率有关，而政策和汇率随时都有可能调整，所以税金以出票当天的结算价格为准。

一般所报的税金就是所有税金的总和。

二、国际运价使用的一般规则

（1）满足“运价规则”的适用条件；

（2）直达运价优先原则。

课后练习

1. 简述民航运价的特点。
2. 简述民航运价的制定方式。
3. 简述国内运价的主要构成形式。
4. 简述国际旅客运价的使用规定。

第四章　民航客票销售

第一节　民航客票销售工作

一、民航运输销售代理

民航运输销售代理是指受民用航空运输企业委托，在约定的授权范围内，以委托人名义代为航空客货运输销售及其相关业务的营利性行业。

图 4—1　民航销售代理经营许可证

民航运输销售代理人是指从事民用航空运输销售代理业务的企业。民航运输代理人从事航空公司的客运、货运销售业务。只要取得资质认证并和航空公司签订销售代理协议，民航运输代理人就可以销售航空公司的客运、货运产品；而航空公司则根据协议和销售政策向代理人支付代理费。

二、民航运输销售代理人的业务范围

根据代理权限的不同，民航运输销售代理人分为两类：

（1）一类民航运输销售代理人，可以经营国际航线或者港澳台地区航线的民用航空运输销售代理业务。

（2）二类民航运输销售代理人，可以经营除港澳台地区航线外的国内航线的民用航空运输销售代理业务。

三、民航运输销售代理所必须具备的基本条件

根据《民用航空运输销售代理业管理规定》，民航运输销售必须具备以下条件：

（1）必须依法取得中华人民共和国企业法人资格。

（2）经营一类民航运输销售代理人业务，注册资本不得少于人民币150万元；经营二类民航运输销售代理人业务，注册资本不得少于人民币50万元。

（3）民航运输销售代理人应当取得相关管理部门颁发的营业许可证。

（4）民航运输销售代理人必须有固定独立的营业场所、电信设备和其他必要的营业设施，有民用航空运输规章和与经营销售代理业务相适应的资料。

（5）从业人员中至少有三名取得航空运输销售人员相应业务合格证书。

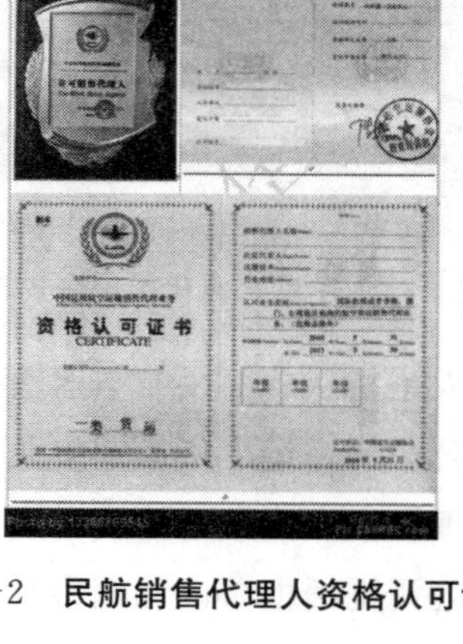

图 4—2　民航销售代理人资格认可证书

第二节　国内客票

客票是指由承运人或承运人代理所填开的被称为“客票及行李票”的凭证。客票为实名制，只限客票上所列姓名的旅客本人使用，不得转让或涂改；否则客票无效，票款不退。

一、国内纸质客票使用的一般规则

（1）旅客订座后的初步凭证。

（2）客票不得转让、涂改。

（3）每一名旅客，包括按适用正常票价 10%及 50%付费的婴儿和儿童，都要单独持有一本客票。

图 4－3　早期国内客票样本封面

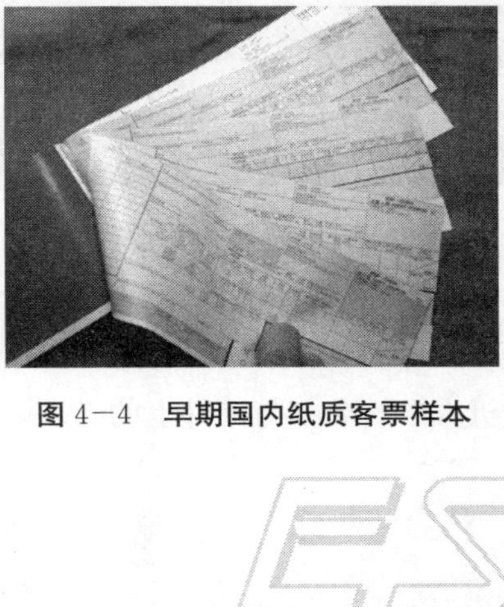

图 4－4　早期国内纸质客票样本

二、国内客票的使用要求

（1）记名式。

（2）使用客票时，应交验有效客票。

（3）客票必须订好座位方可使用，不定期客票不能直接使用。

（4）退款限原出票人或指定的付款人。

（5）需在有效期内（一般为一年）完成全部航程。

（6）含国内航段的国际联程客票无须换开。

（7）境外购买的纯国内航班客票必须换开。

（8）不得在境外使用国内运输客票进行销售。

第三节　国际客票

国际客票是搭乘国际航班时所需的交通票据。目前查询、预订、支付、取票、携带票已实现了全程国际电子化，足以应对任何突发事件，保证旅客第一时间登机。

纸质客票或电子客票所用的语言已经全球统一为英语。

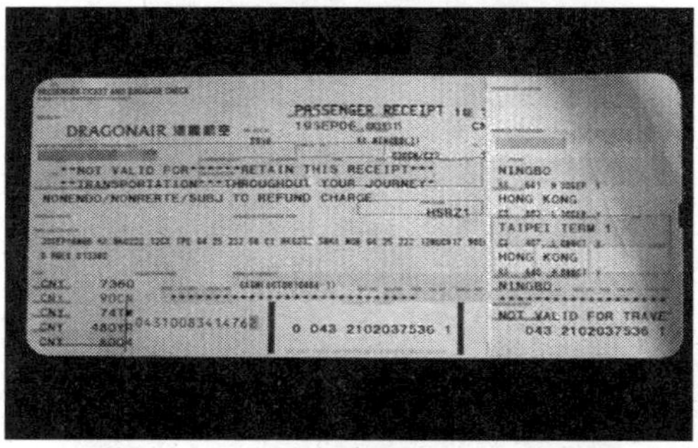

图 4—5　国际客票行程单样本

一、国际客票使用的一般规则

（1）必须提供登机人的姓名（与证件上的必须一致）、登机证件类型、乘客国籍、登机证件号、出生年月以及乘客性别（个别航线还需要旅客更详细的其他信息）。

（2）购买儿童票、婴儿票，应提供儿童、婴儿出生年月的有效证明。

（3）特殊类别旅客（留学生、移民、劳务、海员等）预订机票时要事先说明，有可能部分航空公司会在价格、税金、行李上有相应的优惠，但需提供相应的有效证明。

二、乘坐国际航班的流程

乘坐国际航班尽量在起飞前两个小时到达机场，在航空公司柜台办理乘机（Check In）手续及海关、证照查验、检疫等出境手续。

办理乘机手续时，需要提供自己的机票、护照、签证等，并填写出境记录卡。经核对无误后，接着是行李托运。柜台旁边设置有台秤，除了手提行李以外，都要上秤称量。然后服务员把需要检查的行李拿到柜台内，其他的行李交还给旅客，并在机票上填入重量、件数，将检查过的行李挂上行李票，行李票和机票也交由旅客自行保管，乘机手续也就完成了。

乘机手续办好后，航空公司会将护照、机票、签证、黄皮书交还给旅客，同时交付一份出境申报表及登机证，准备向海关申报及办理出境手续。出境申报表用于海关申报；登机证在进入出境室后，由海关人员查验后签放。等行李检查完毕，再将签放的申报表交给出口处的海关人员，即可顺利取出行李。

图 4—6　中国边检

还有一张座位卡，有的航空公司会预先排定座位，有的让旅客自由选择。凭这张座位卡，旅客就可以准备登机了。

图 4－7　登机牌

第四节　电子客票

电子客票也叫无纸化客票（Electronic Ticket），是普通客票的电子化形式。旅客的购买记录保留在航空公司的订座系统内，旅客不会收到纸制客票。电子客票比纸制客票方便很多，不会像纸质客票一样会造成丢失或被偷窃。

旅客应该保留一张计算机生成的行程单。除此之外，旅客还应记下电子机票订单号，作为订座证明。

使用电子客票乘坐飞机的手续很简单，只需凭身份证，旅客无需再出示机票，在飞机起飞前一小时左右到机场值机柜台换取登机牌，通过安检后上飞机，避免了因机票丢失或遗忘而造成的不能登机的尴尬。

一、我国电子客票发展历程

2000 年 3 月，南方航空率先推出国内第一张电子客票（本票电子客票）。

2004 年，国航、南航、东航三大航空公司均建立了自己的电子票务系统。

2004 年 9 月 1 日，海南航空公司开始使用中国第一张 BSP 电子客票。

2004 年 9 月底，东航推出首张 B to C 电子客票（个人电子客票）。

2004 年 9 月，游易航空旅行网销售出了第一张国航电子客票。

2005 年 1 月，国航、东航正式加入 BSP 电子客票（中性电子客票）系统。10 月 31 日，南航也加入了 BSP 电子客票系统。

2006 年 6 月，电子客票行程单作为全国统一报销凭证。

2006 年 10 月，国航停止发售纸质票，全面推进电子客票。

2007 年年底，海南航空宣布实行电子客票，进入电子客票销售系统。这标志着我国现有所有航空公司全面实现电子客票。同时，标志着全球实现 100%BSP 电子客票。

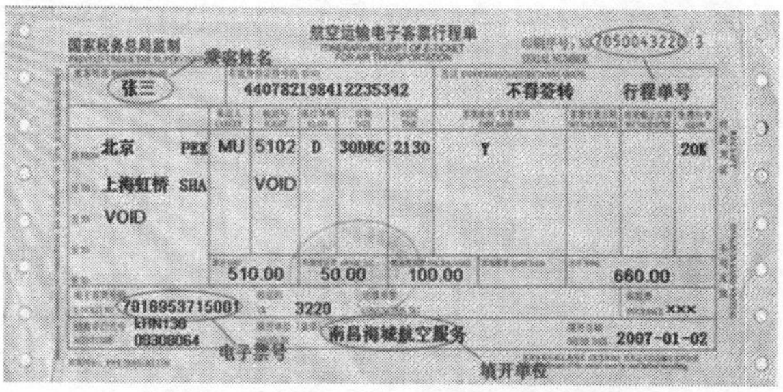

图 4-8　现代电子客票行程单样本

二、电子客票的使用流程

电子客票的使用流程如图 4-9 所示：

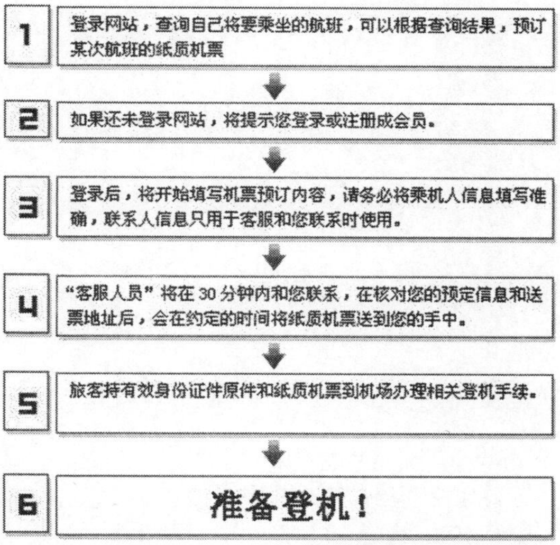

图 4-9　电子客票使用流程

课后练习

1. 简述民航运输销售代理的概念。
2. 民航运输销售代理人分为哪两大类?
3. 简述国内客票使用的一般规则。
4. 简述国际客票使用的对象。
5. 国际客票的价格由哪些部分构成?
6. 在我国哪家航空公司率先推出了第一张电子客票?

第五章　民航旅客运输

第一节　民航旅客离港工作

一、旅客乘机流程

第一步，购买机票。

购买机票的方式多种多样，如网络购票、电话购票、现场购票等。一般建议在各航空公司的官方网站或者一些大型订票网站购票，如去哪儿网、携程网等购票。

图 5－1　国航官网订票首页

购好票后，航空公司会发出购票已成功短信。接下来就是等待出发的那一天了。

去机场的时候尽量早一点，国内航班一般会提前30分钟到45分钟关闭值机柜台。

第二步，办理乘机手续，托运行李。

目前，各大航空公司均采取电子客票，无需纸质客票，直接带上有效证件找到相应柜台，即可办理乘机手续。

一般来说，国内航班经济舱免费行李额20千克，公务舱30千克，头等舱40千克，但廉价航空公司除外。

图5-2　办理乘机手续、托运行李

第三步，通过安检。

办理完行李托运手续后，就可以开始准备过安检了。一般机场有国内航班安检和国际航班安检，找到对应的安检口，带好身份证、登机牌，准备过安检。

注意：水、饮料、打火机、刀具等物品都是不能带上飞机的。

通过安检后进入候机大厅，找到相应的登机口，准备登机。

图 5—3　机场安检

第四步，登机。

待登机时间到达，排好队检票登机。

到了飞机上，找到自己的座位，系好安全带，准备享受空中之旅。

图 5—4　登机口指示牌

图 5－5　旅客登机

二、离港工作六大步骤

（1）查验旅客的有效证件（旅客乘机时需要出示有效证件），检查客票的合法性、有效性、真实性、正确性。

（2）收运旅客的交运行李。收运行李是行李运输中的第一个环节，其中包括检查行李包装、行李过磅、打印并拴挂行李牌、传送行李、收取逾重行李费等环节。

（3）安排旅客座位。这是为了进一步提高旅客服务质量，确保上下飞机有序进行，而且能有计划地安排飞机的载重平衡，确保飞行安全。

（4）处理客票，发放登机牌。

（5）安全检查。安检员对旅客人身以及随身携带物品进行安全检查。在检查中，如果发现危及飞行安全的旅客和物品，应及时按照相关国家规定处理。

（6）登机。承运人安排地面服务人员在登机口处检查旅客的登机牌，并将登机信息扫描进电脑，核对无误后放行旅客。地面服务人员还要注意维持登机口的旅客秩序。

第二节 民航旅客的非正常运送

一、有问题客票的处理

1. 超售座位

超售是指航空公司出售的客票超过了该航班本身所具有的实际运载能力。超售是航空公司的一种销售策略，在某种程度上能够保持航班的客座率，但是超售过多，会导致运送工作的困难。若航班遇到超售情况，应采取下列应对方式：

（1）优先安排最早可利用的航班，保障旅客尽快成行。

（2）或按非自愿退票处理，不收取退票费。

（3）或按非自愿变更航程处理，票款多退少不补。

（4）如所安排的后续航班为次日航班，将免费为旅客提供膳宿。

2. 无订座记录旅客

旅客持有客票，但是接受承运的航空公司没有改旅客的订座记录或者没有收到该旅客申请订座的记录时，则该旅客被视为无订座记录的旅客。出现这种情况时，相关工作人员要积极查找发生无订座记录的原因，并优先安排旅客尽快乘机。

3. 持有不合理客票的旅客

若客票不符合运输规定，成人旅客按照无效客票对待，客票应该作废；儿童、婴儿旅客未按年龄规定购票的，应根据情况补收票款；如果旅客要求退票，应该退还全部票款。

二、非正常运输旅客的处理

1. 误机旅客

误机是指旅客未按规定时间办妥乘机手续或因其旅行证件不符合规定而未能乘机。

旅客误机后，最晚应在该航班离站后的次日中午12时以前，到乘机机场的航空公司登记处、航空公司售票处或航空公司地面服务代理人售票处办理误机确认手续。办理了误机确认手续的旅客，如要求改乘后续航班，可在上述地点或原购票地点办理变更手续。航空公司应在航班有座位的条件下予以办理，免收误机费。但持有的机票如在航班规定时间前72小时内变更过航班、日期，旅客应交付票价5％的误机费。

未办理误机确认手续的旅客，如果要求继续旅行，应交付票价20％的误机费。

旅客办理误机变更手续后，如果要求再次改变航班、日期，应交付票价50％的变更手续费。

旅客误机或办理误机变更手续后，如果要求改变航空公司，按自愿退票的规定办理，应交付票价50％的误机费。旅客误机或办理误机变更手续后，如果要求退票，也按自愿退票的规定处理，应交付票价50％的误机费。

2. 漏乘旅客

漏乘指旅客在航班始发站办理乘机手续后或在经停站过站时未搭乘上指定的航班。

旅客漏乘按下列规定处理：

（1）由于旅客原因发生漏乘，当旅客要求退票时，应到原购票地点办理退票手续，承运人可以收取适当的误机费。

（2）由于承运人原因旅客漏乘，承运人应当尽早安排旅客乘坐后续航班成行。

如果旅客要求退票，始发站应退还全部票款，经停站应退还未使用航段的全部票款，均不收取退票费。

3. 错乘旅客

错乘指旅客乘坐了不是客票的适用乘机联上列明的运输地点的航班。

旅客错乘应按下列规定处理：

（1）由于旅客原因错乘。在始发站发现旅客错乘，承运人应安排错乘旅客搭乘最早飞往目的地的航班，票款不补不退；如果在中途站发现旅客错乘，应中止其旅行，承运人应尽量安排错乘旅客搭乘飞往目的地的直达航班，票款不补不退。

（2）由于承运人原因旅客错乘，承运人应向旅客赔礼道歉，妥善安排旅客乘坐最早到达目的地的航班，同时承担错乘旅客在等候后续航班期间的膳宿费用。

如果旅客要求退票，按非自愿退票处理，退还自错乘地点至旅客客票上列明的目的地的全部票款。但是，任何情况下退票款都不得超过旅客实付票款。

三、航班不正常时对旅客的安排

航班不正常时，承运人应该及时通知旅客，做好解释工作和旅客安抚工作。

（1）在始发地，由于机械故障等承运人的原因，承运人应该免费提供餐食或安排住宿等服务；由于天气等不可抗因素，承运人可以协助旅客安排餐食和住宿，费用由旅客自理。

（2）在经停地，不管什么原因，承运人都应该负责提供住宿和餐食。

第三节　特殊旅客的载运

特殊旅客是指需要给予特殊礼遇和照顾的旅客，或由于其身体和精神状况需要给予特殊照料，或在一定条件下才能承运的旅客。

一、重要旅客的载运

1. 重要旅客的分类

重要旅客可以分为三类：

（1）最重要旅客（VERY VERY IMPORTANT PERSON，VVIP）

最重要旅客包括：

①我国党和国家领导人；

②外国国家元首和政府首脑；

③外国国家议会议长和副议长；

④联合国秘书长。

图 5-6　VVIP

（2）一般重要旅客（VERY IMPORTANT PERSON，VIP）

一般重要旅客包括：

①政府部长，省、自治区、直辖市人大常委会主任，省长，自治区人民政府主席，直辖市市长和相当于这一级的党、政、军负责人；

②外国政府部长；

③我国和外国政府副部长和相当于这一级的党、政、军负责人；

④我国和外国大使；

⑤国际组织（包括联合国、国际民航组织）负责人；

⑥我国和外国全国性重要群众团体负责人；

⑦两院院士。

（3）工商界重要旅客（COMMERCIALLY IMPORTANT PERSON，CIP）

工商界重要旅客包括：

①工商业、经济和金融界等重要的、有影响的人士；

②重要的旅游业领导人；

③国际空运企业组织、重要的空运企业负责人和航空公司邀请的外国空运企业负责人。

2. 重要旅客的接待服务工作

（1）售票部门在接受重要旅客订座时，应要求经办人详细填写“旅客购票单”，并问清其职务、级别和所需提供的特殊服务。

（2）有重要旅客乘坐的航班，严禁犯罪嫌疑人、遣返人员、精神病患者乘坐。各部门要严格把关，并通知货运部门，严禁在该航班上装载危险物品。

（3）重要旅客乘坐其他承运人的航班，其订座手续和要求的特殊服务，应按有关承运人的规定办理。

（4）注意保密工作，对保密的重要旅客乘机动态，应尽量缩小知密范围。

（5）售票部门在航班起飞前一天下午四时前将重要旅客的姓名、职务、随行人数、乘机日期、航班、起飞时间、订座舱位、到达地点、特殊服务要求等用传真或拍发电报通知部门领导、值机、配载、站调、服务等保障部门。如重要旅客的身份要求保密或身份不明，则注明“旅客身份保密”或“身份不明”。发送通知后，应与收文单位电话联系，在确认对方已收到通知后，将对方的电话、通话人和收到的时间记录在传真或电报上。

（6）航班起飞后（外航除外），要客接待处拍发 VIP 报和打电话给相关部门或驻外办事处。

二、孕妇的载运

孕妇在购票时须提供由县级或二类甲等及以上医院出具的适宜乘机的证明。医疗证明的开具日期应不早于最早乘机日期的前 2 天（不含起飞当日）。

怀孕不足 32 周的孕妇乘机，除医生诊断不适宜乘机者外，按一般旅客运输。怀孕满 32 周（含）未满 35 周的孕妇，且预产期确定并超过 4 周，并已知不是多胎或没有分娩并发症的旅客如需乘机，应在订票时提前告知。

基于安全方面的考虑，对于以下旅客，航空公司不提供航空运输服务，建议其选择其他方式出行：

（1）怀孕满 35 周至 36 周（含）以上的孕妇。

（2）预产期在 4 周（含）之内的孕妇。

（3）预产期临近但无法确定准确日期，已知为多胎分娩或预计有分娩并发症的孕妇。

(4) 产后不足 7 天者。

三、婴儿和儿童旅客的载运

1. 有成人陪伴的婴儿或儿童旅客

有成人陪伴的儿童指 2 岁以上、12 岁以下的儿童。有成人陪伴的婴儿指 2 岁以下、14 天以上的婴儿。带儿童或婴儿旅行的成年人年龄必须超过 18 岁，并且是孩子的监护人。

每名成年人可带两名婴儿（其中一名可享受婴儿票价，另一名需购买儿童客票并单独占用座位），或一名婴儿和两名儿童，或一名患病婴儿乘机。

带婴儿旅行，旅客必须获得航空公司的许可。婴儿应大于 14 天；如果是早产儿，应大于 90 天。

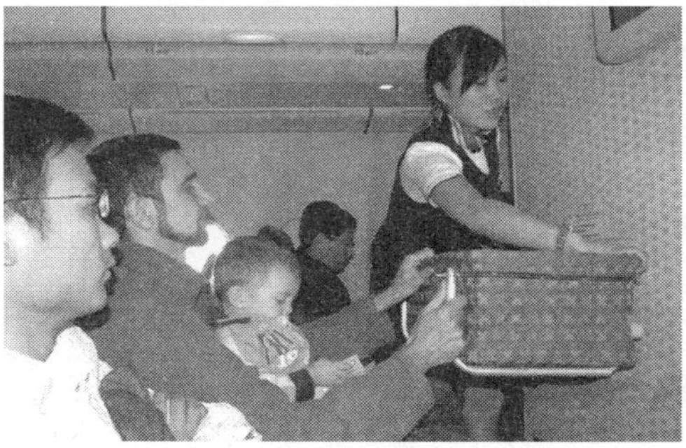

图 5—7 婴儿旅客

有成人陪伴的儿童/婴儿必须和随行的成年人在同一机舱。如果随行的成年人与孩子不在同一机舱，则必须遵守无成人陪伴儿童乘机流程。

2～12 岁儿童适用航空公司规定的儿童票价。2 岁以下婴儿的票价按照头等舱、公务舱或经济舱公布价格的 10%计算，但是没有单独的座位。如果带有一个以上的婴儿，第二个婴儿需购买儿童票。

2. 无成人陪伴未成年人

无成人陪伴未成年人服务主要针对那些 5 周岁（含）以上、12 周岁（含）以下且无成年人陪伴的独自旅行的儿童。需要提前向航空公司申请此项服务。如果需要，航空公司也可向 12～18 岁的旅客提供此项服务。

图 5-8　无成人陪伴儿童

申请无成人陪伴未成年人服务，需要在出发前至少提前 24 小时到当地营业部门填写一份申请表。作为家长或监护人，需要出示身份证或有效证件，以帮助孩子申请无成人陪伴未成年人服务。同时，家长需要安排人在最终目的地接机，并提供接机人、送机人联系地址及联系方式。

无成人陪伴儿童需要支付相应费用，具体视国内或国际航班而定，单程直达航班的服务费用为人民币 260 元或 30 美元（以国航为例）。

四、伤病旅客的载运

伤病旅客是指由于身体或精神的缺陷或病态，在航空旅行中，不能自行照料自己的旅途生活，需要其他人帮助照料的旅客。伤病旅客包括：身体患病、精神患病、肢体伤残的旅客；年迈的老人。需要注意一点，带有先天残疾，但已经习惯自己生活的人，如聋哑人等，不应视为伤病旅客。

1. 轮椅旅客的载运

轮椅旅客主要分为三种：

（1）WCHR——能自行上下，自己能走到座位上去；

（2）WCHS——不能自行上下，自己能走到座位上去；

（3）WCHC——不能自行上下，自己不能走到座位上去。

在每个航班上，WCHR 人数不限，WCHS+WCHC≦2 名。

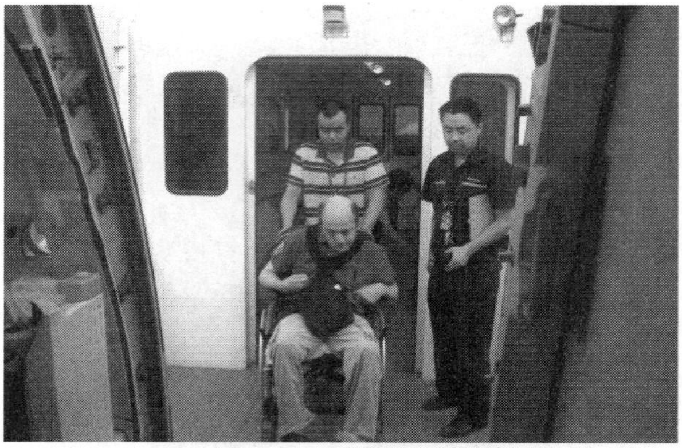

图 5-9　轮椅旅客

2. 担架旅客的载运

（1）担架旅客需要在航班起飞 72 小时前订座。为了确保担架旅客在旅途中的安全，需安排至少一名年满 18 周岁的成年旅客或医务人员陪伴同行。每个航班只能收运一名担架旅客。

担架旅客在购票时应提供县级或二类甲等及以上医院的医疗证明。医疗证明的开具日期应不早于最早乘机日期前 3 天（不含起飞当日）。在西藏地区登机时，还应出具航班起飞前 24 小时之内开具的允许登机的医疗证明。

（2）适用票价及税费。

各大航空公司规定有所不同，这里以国航为例。

除欧洲、北美航线以外的国际航线、地区航线及国内航线适用票价为经济舱正常票价（Y 舱票价）的 8 倍票款；

欧洲、北美航线适用票价为经济舱正常票价（Y 舱票价）的 6 倍票款。

申请担架服务的儿童或婴儿旅客，票价同成人担架旅客。

申请担架服务的旅客须按适用票价的倍数交付燃油附加费，其他税费按一倍收取。

（3）免费行李额。

计重制航线担架旅客免费行李额为 60 千克，每件行李长、宽、高不得超过 100 厘米、60 厘米、40 厘米。

计件制担架旅客免费行李额为 3 件，每件不得超过 23 千克，每件行李的三边之和不得超过 158 厘米。

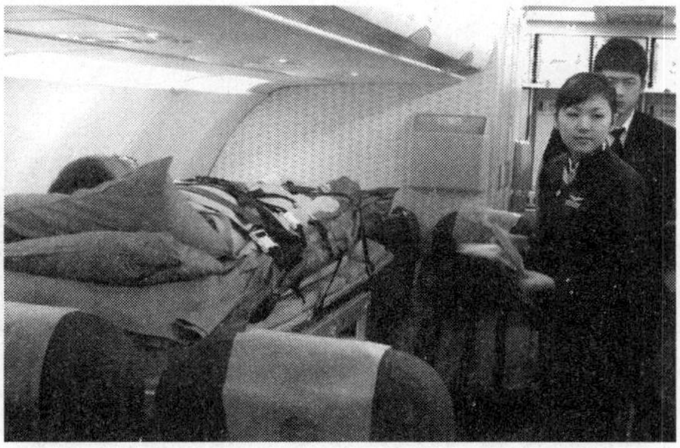

图 5－10　担架旅客

五、视力或听力障碍旅客的载运

基于安全方面的考虑，未满 16 周岁的盲人及聋哑旅客乘机时须有成年人陪伴同行。每个航班上可承运两名单独旅行的盲人旅客。

同一客舱内只能装运一只导盲犬，导盲犬应符合相应规定（免费载运）。

图 5－11　导盲犬

六、犯人的载运

接受犯人运输必须满足下列条件：

（1）运输犯人的全航程，有关公安部门必须派至少两人监送；

（2）监送人员在运输的全航程中，对所监送的犯人负全部责任；

（3）运输犯人，只限在运输始发地办理订座售票手续；

（4）中国民航运输的犯人，除经总局特别批准外，暂时以中国民航航班为限。

图 5—12　犯人的载运

课后练习

1. 简述旅客乘机流程。
2. 简述离港工作六大步骤。
3. 什么是超售？
4. 什么是漏乘旅客？
5. 什么是错乘旅客？
6. 简述重要旅客的分类。
7. 简述轮椅旅客的分类。

第六章　民航货物运输

第一节　国内航空货物运输的基本常识

一、国内航空运输常见名词释义

1. 货物

货物是指除邮件和凭客票及行车票托运的行李外，已经或将要用飞机运输的任何物品，包括凭航空货运单运输的行李。

2. 国内运输

国内运输是指根据货物运输合同，其出发地点、约定的经停地点和目的地点均在中华人民共和国境内的运输。

3. 货物托运书

货物托运书是指托运人办理货物托运时填写的书面文件，是据以填开航空货运单的凭据。

4. 航空货运单

航空货运单是指托运人或托运人委托承运人填制的，托运人和承运人之间为在承运人的航班上运输货物所订立合同的初步证据。

5. 一票货物

一票货物是指凭一份航空货运单运往一个目的地的一件或多件货物。

6. 承运人

承运人是指包括接受托运人填开的航空货运单或保存货物记录的航空承运人，以及运送或从事承运货物或提供该运输的任何其他服务的所有航空承运人。

7. 代理人

代理人是指在航空货物运输中，经授权代表承运人的任何人。

8. 托运人

托运人是指为货物运输而与承运人订立合同，并在航空货运单上署名的人。

9. 收货人

收货人是指与航空货运单上“收货人”栏内所列名称相对应的人。

10. 声明价值

声明价值是指托运人向承运人特别声明的其托运货物在目的地交付时的价值。

11. 声明价值附加费

声明价值附加费是指托运人办理货物声明价值时，按规定向承运人支付的专项费用。

12. 有效身份证件

有效身份证件是指托运人或收货人托运或提取货物时必须出示的由政府主管部门规定的证明其身份的证件，如居民身份证、护照、军官证、士兵证、文职军人证、户口簿、机动车驾驶证等。

13. 特种货物

特种货物是指在收运、储存、保管、运输及交付过程中因货物本身的性质、价值等需要特别照料的货物。

14. 押运货物

押运货物是指根据货物的性质，由托运人派押运员在运输过程中专门照料、监护的货物。

15. 集装设备

集装设备是指在飞机上使用的装载货物、邮件和行李的专用设备，包括各种类型的集装板、集装箱及其附属设备。

16. 变更运输

变更运输是指托运人或承运人对已托运的货物，改变其运输的部分或全部内容。

17. 货物运输事故记录

货物运输事故记录是指由承运人出具并经收货人认可的，证明货物异常状况的文件。

18. 轻泡货物

轻泡货物是指每千克体积超过 6000 立方厘米的货物。

19. 损失

损失是指在运输过程中或在承运人提供的与货物运输有关的其他服务时发生的货物丢失、损坏、短少、变质、污染等。

20. 包税人

包税人是指与承运人签订包机运输合同，并根据该合同包用承运人的飞机运送货物的人。

21. 禁止运输物品

禁止运输物品是指法律、法令规定禁止运输的物品。如：卫生部公布严禁邮寄的四种菌种——鼠疫毒菌、霍乱毒菌、马脑脊髓炎病毒和鹦鹉病病毒。托运人严禁托运上述货物，承运人严禁运输上述货物。禁止运输物品还包括承运人规定不予运输的货物，如国内航班不予载运危险品和具有传染性的物品等。

22. 限制运输物品

法律、法令规定只有符合限制条件才准许运输的货物。如：①鸦片、海洛因、吗啡等烟草毒品运输限制；②罂粟壳运输限制；③麻醉药品国内运输限制；④金属矿砂等运输限制；⑤炸药类运输限制；⑥粮食运输限制；⑦木材运输限制；⑧濒危动、植物运输限制；⑨法律、法令规定限制运输的其他物品。

23. 特种货物

特种货物是指在运输过程中需要采取特殊措施，给予特殊照料和具备特定条件才能运输的货物。如：急件、生物制品、植物和植物产品、活体动物、骨灰、灵柩、危险物品、鲜活易腐物品、贵重物品、枪械、弹药、押运货物等。

二、货物的托运

1. 货运托运手续的办理

托运货物，须凭本人居民身份证或其他有效身份证件（如承运人有要求，应当同时出具单位证明信函），填写货物托运书，向承运人办理托运手续。

托运政府规定限制运输的货物以及需向公安、检疫等有关政府部门办理手续的货物，应当附有效证明。

2. 货物托运书

托运人应当认真填写货物托运书，对货物托运书内容的真实性、准确性负责，并在货物托运书上签字或盖章。

3. 货物托运书应填写的基本内容

（1）货物托运人和收货人的具体单位或个人的全称及详细地址、电话、邮政编码；

（2）货物品名；

（3）货物包装方式、件数及标志；

（4）货物实际价值；

（5）货物声明价值或者投保航空货物运输保险金额；

（6）普货运输或急件运输标志；

（7）货物特性、储运及其他说明。

注意：由于运输条件不同或根据货物性质不能在一起运输的货物，应分别填写货物托运书。

4. 货物包装

（1）货物包装应当保证货物在运输过程中不致损坏、散失、渗漏，不致损坏和污染飞机设备或其他物品。

（2）托运人应当根据货物性质及重量、运输环境条件和承运人的要求，采用适当的包装材料和形式，妥善包装货物。精密、易碎、怕震、怕压、不可倒置的货物必须有相适应的防止货物损坏的包装措施。严禁使用草袋包装或草绳捆扎。

（3）货物包装内不准夹带禁止运输或限制运输的物品、危险品、贵重物品、保密文件和资料等。

国际货物托运书
SHIPPER'S LETTER OF INSTRUCTION

货运单号码
NO. OF AIR WAYBILL

始发站 AIRPORT OF DEPARTURE SHANGHAI	到达站 AIRPORT OF DESTINATION HONGKONG	供承运人用 FOR CARRIER USE ONLY
		航班/日期 FIGHT/DATE；航班/日期 FIGHT/DATE

线路及到达站
ROUTING AND DESTINATION

至 TO:	第一承运人 FIRST CARRIER	至 TO:	至 TO:	至 TO:	至 TO:	至 TO:	至 TO:

已预留吨位
BOOKED

收货人帐号
CONSIGNEE'S ACCOUNT NUMBER

收货人姓名及地址
CONSIGNEE'S NAME AND ADDRESS

ROSE FRANCE INPORT AND EXPORT CO.,
24 SANT MART RUE PARIS

另请通知 ROSE FRANCE INPORT AND EXPORT CO.,
ALSO NOTIFY 24 SANT MART RUE PARIS

唛头：

托运人帐号
SHIPPER'S ACCOUNT NUMBER

托运人姓名及地址
SHIPPER'S NAME AND ADDRESS

SINOTEX UNITED INPORT & EXPORT LTD
3208 32FL., JINMAO BUILDONG PUDONG NEW DISTRICT SHANGHAI

托运人声明的价值 SHIPPER'S DECLARED VALUE		保险金额 AMOUNT OF INSURANCE			所附文件 DOCUMENT ACCOMPANY TO AIR WAYBILL
供运输用 FOR CARRIAGE	供海关用 FOR CUSTOMS				
件数 NO. OF	实际毛重（公斤） ACTUAL	运价类别 RATE	收费重量 CHAGEABLE WEIGHT	费率 RATE/CHARGE	货物品名及数量（包括体积或尺寸） NATURE AND QUANTITY OF GOODS
30CTNS	840.00KGS				LEATHER SLIPPERS

在货物不能交收货人时，托运人指示处理方法
SHIPPER'S INSTRUCTION IN CASE OF INABLITY TO DELIVER SHIPMENT AS CONSIGNED

处理情况（包括包装方式、货物标志及号码等）
HANDLING INFORMATION(INCL. METHOD OF PACKING, INDENTIFY MARK AND NUMBERS ETC.)

托运人证实以上所填全部属实并愿意遵守承运人的一切载运章程
THE SHIPPER CERTIFIES THAT THE PARTICULAR ON THE FACE HEREOF ARE CORRECT AND AGREE TO THE CONDITIONS OF CARRIAGE OF THE CARRIER.

托运人签字 SHIPPER'S SIGNATURE　日期 DATE　经手人 AGENT

图 6—1　国际货物托运书

三、货物的承运

1. 承运原则

（1）承运人应当根据运输能力，按货物的性质和急缓程度，有计划地收运货物。

（2）批量大和有特定条件及时间限制的联程货物，承运人必须事先安排好联程中转舱位后方可收运。

（3）遇有特殊情况，如政府法令、自然灾害、停航或货物严重积压时，承运人可暂停运输货物。

（4）凡国家法律、法规禁止运输的物品，严禁收运。凡限制运输的物品，须符合规定的手续和条件方可收运。

（5）需经主管部门查验、检疫和办理手续的货物，在手续办妥之前不得收运。

2. 货物检查

(1) 承运人收运货物时，应当查验托运人的有效身份证件。凡国家限制运输的物品，必须查验国家有关部门出具的运输许可证。

(2) 承运人应当检查托运人交运货物的包装。不符合航空运输要求的包装，须经托运人改善包装后方可办理收运。

(3) 承运人对收运的货物应当进行安全检查。对收运后 24 小时内装机运输的货物，一律实行开箱检查或通过安检仪器检测。

四、货物声明价值

托运人托运的货物，毛重每公斤价值在人民币 20 元以上的，可办理货物声明价值，按规定交纳声明价值的附加费。

每张货运单的最高声明价值不得超过人民币 50 万元。

已办理托运手续的货物要求变更时，声明价值附加费不退。

五、货物的到达和交付

1. 到货通知

(1) 货物运至到达站后，除另有约定外，承运人应当及时向收货人发出提货通知。通知包括电话和书面两种形式。急件货物的提货通知应当在货物到达后两小时内发出，普通货物应当在 24 小时内发出。

(2) 自发出提货通知的次日起，货物免费保管 3 日。逾期提取，承运人按规定核收保管费。

货物被检查机关扣留或因违章等待处理存放在承运人仓库内，由收货人或托运人承担保管费和其他有关费用。

(3) 动物、鲜活易腐物品及其他指定日期和航班运输的货物，托运人也应当负责通知收货人在到达站机场等候提取。

(4) 收货人未收到或延误收到提货通知，承运人对此不负责。

2. 货物交付

(1) 收货人凭提货通知单和本人居民身份证或其他有效身份证件提货；委托他人提货，凭提货通知单和货运单指定的收货人及提货人的居民身份证或其他有效身份证件提货。如承运人要求出具单位介绍信或其他有效证明，收货人应予提供。

（2）承运人应当按货运单列明的货物件数清点后交付收货人。发现货物短缺、损坏时，承运人应当会同收货人当场查验，必要时填写货物运输事故记录，并由双方签字或盖章。

（3）收货人提货时，如对货物外包装状态或重量有异议，应当场提出查验或者重新过秤核对。

（4）收货人提取货物并在货运单上签收，则承运人对该货物责任同时解除。

第二节　国内航空货物的运价

货物的航空运费是指将一票货物自始发地机场运输到目的地机场所应收取的航空运输费用，但不包括机场与市区之间地面运输费及其他费用。货物的航空运输费用主要由两个因素组成，即货物适用的运价与货物的计费重量。

1. 航空货物的重量

（1）实际重量

实际重量指包括货物包装在内的货物重量，称为货物的实际毛重。其计算单位为 0.1 千克，四舍五入。

（2）体积重量

体积重量按照国际航协规则，将货物的体积按一定的比例折合成的重量，称为体积重量。

由于货舱空间体积的限制，一般对于低密度的货物，即轻泡货物，考虑其体积重量可能会成为计费重量。

计算规则：不论货物的形状是否为规则的长方体或正方体，计算货物体积时，均按最长、最宽、最高的三边来计算（单位：厘米）。长、宽、高的小数部分按四舍五入取整，体积重量的折算换算标准为每 6000 立方厘米折合 1 公斤。

$$体积重量=\frac{货物体积}{6000cm^3/kg}$$

2. 普通货物的运价

普通货物的运价主要分为“45 公斤以下”和“45 公斤以上”两种费率。45 公斤以下普通货物运价，费率按照中国民航总局的规定执行；45 公斤以上普通货物运价由民航总局统一规定，按标准运价的 80%执行。

3. 等级货物的运价

生物制品、植物和植物制品、活动物、骨灰、灵柩、鲜活易腐物品、贵重物品、机械、弹药、押运货物等特种货物的国际航空运费按普通货物标准运价的 150%计收。

表 6-1 国内航空货物指定商品种类及代号

代号	指定商品种类
0007	水果
0300	鱼（可食用的）、海鲜、海味
0600	肉、肉制品包括家禽、野味和猎物
1201	皮革和皮制品
1401	花木、幼苗、根茎、种子、植物和鲜花
2195	成包、成卷、成块未进行进一步加工或制造的纱、线、纤维、布、服装和纺织品
6001	化学制品、药品、药材

第三节 货运的责任和赔偿

由于承运人的原因造成货物丢失、短缺、变质、污染、损坏，应按照下列规定赔偿：

（1）货物没有办理声明价值的，承运人按照实际损失的价值进行赔偿，但最高赔偿限额为毛重每公斤人民币 20 元。

（2）已向承运人办理货物声明价值的货物，按声明的价值赔偿。如承运人证明托运人的声明价值高于货物实际价值时，按实际损失赔偿。

超过货物运输合同约定期限运达的货物，承运人应当按照运输合同的约定进行赔偿。

托运人或收货人发现货物有丢失、短缺、变质、污染、损坏或延误到达情况，收货人应当向承运人提出，承运人应当按规定填写运输事故记录并由双方签字或盖章。如有索赔要求，收货人或托运人应当于签发事故记录的次日起，在法定时限内向承运人或其代理人提出索赔要求。向承运人提出赔偿要求时应当填写货物索赔单，并随附货运单、运输事故记录和能证明货物内容、价格的凭证或其他有效证明。

超过法定索赔期限收货人或托运人未提出赔偿要求的，则视为自动放弃索赔权利。

索赔要求一般在到达站处理。承运人对托运人或收货人提出的赔偿要求，应当在两个月内处理和答复。不属于受理索赔的承运人接到索赔要求时，应当及时将索赔要求转交有关的承运人，并通知索赔人。

课后练习

1. 简述货物托运书的概念。
2. 简述货物托运书的基本内容。
3. 什么是实际重量？
4. 简述体积重量的计算方法。

第七章　特殊货物的运输

第一节　贵重物品的运输

一、贵重物品的定义

贵重物品是指货物的声明价值为每千克（毛重）价值超过 1000 美元或等值货币的货物。包括各种类型的黄金及黄金饰品、钻石、红宝石、货币等。

图 7－1　黄金饰品

二、贵重物品的包装

（1）贵重物品应该使用质地坚硬的包装，不能使用纸质包装。外包装上要用“#”字铁条加固，并使用铅封或火漆标志。

（2）在外包装上拴挂标签时，只能使用挂签。除识别标签和操作标签外，贵重物品不需要任何其他标签和额外粘贴物；货物的外包装上不可有任何对内装物作出提示的标记。

图 7－2 贵重物品的包装

三、贵重物品运输的预先安排

1. 订舱

收运贵重物品前，必须订妥全程舱位并符合有关承运人的运输条件。

优先使用直达航班。

如需变更续运承运人，必须得到新承运人的许可。

2. 机场设施

保证始发站、中转站和目的站都设有贵重物品仓库。如果 tACA－Rules（运价及规则手册）未公布有关机场的仓储设施，运输货物时应采取保护措施，以保证货物的安全运输。

3. 预先通知

托运人应预先将货物的航班安排情况通知收货人。

四、贵重物品的储运

贵重物品应存放在贵重物品仓库内，并随时记录出、入库情况。

货物交接时必须有书面凭证并由双方签字。

装机时小件货物可存放在客舱内的保险柜，大件货物应单独装载在集装箱内并加铅封。

如发现货物有破损、丢失或短少等迹象，应立即停止运输，详细填写记录并通知有关承运人。

收货人提取货物前，应仔细检查货物包装，如有异议，应当场向承运人提出，必要时重新称重，并详细填写运输事故记录。

第二节　鲜活易腐物品的运输

一、鲜活易腐物品的定义

鲜活易腐物品是指由于温度、湿度发生变化或运输时间过长，易于变质腐烂或死亡的物品。

鲜活易腐物品主要包括两类：

（1）活动物，禽、畜、兽、蜜蜂、活鱼以及鱼苗等。

（2）易腐货物，肉、鱼、蛋、奶、鲜水果、鲜蔬菜、鲜活植物等。

图 7—3　鲜活易腐物品

二、鲜活易腐物品的包装

鲜活易腐物品的包装必须有助于保持物品的品质并将运输时间和温度、湿度等环境因素变化的影响降到最低。所有的包装都应为货物提供足够的保护，防止其中的液体渗漏、溅出或污染其他货物。若内包装为非密封型防水材料，要保证包装件的倾斜角在30°内不会渗漏出液体。

收运货物时，必须保证包装完好。

大多数鲜活易腐货物属于湿货，因此，必须符合运输湿货的各项要求。鲜活易腐物品除识别标签外，货物的外包装上还需拴贴“鲜活易腐”标签和“向上”标签。

三、鲜活易腐物品的储运

鲜活易腐物品在储运时应参阅《货物配装禁忌表》。

（1）食品应远离毒性、传染性物质、活体动物和尸体；

（2）种蛋远离干冰、放射性物质；

（3）鲜花不可与蔬菜和水果放入同一个集装器或货舱内，并且不可用塑料布遮盖；

（4）各包装件间留有一定空隙，保证空气流通；

（5）远离热源，避免阳光直射，限制堆码高度；

（6）载运时应考虑不同货舱、机型对温度的调控能力。

第三节　活体动物的运输

一、收运活体动物的基本条件

承运人只能收运健康状况良好，适于空运的动物。

如果动物已经怀孕，托运人应向承运人申报，并且提供兽医证明，动物不能在运输过程中分娩；分娩后不足48小时的动物不收运。

托运人应提供动物检疫证明。

图7—4　宠物健康免疫证

活体动物的包装必须清洁、坚固并易于操作；收运动物前必须订妥全程舱位；活体动物不可与其他货物作为一票货物交运。

二、活体动物的包装

活体动物的包装箱必须坚固、清洁、防渗漏，并设有足够的通风孔；包装箱应保证动物有活动空间；包装箱底部必须衬有吸附材料；不可使用干稻草作衬垫，因为很多国家禁止稻草入境；较大的动物包装箱两边外侧应安装把手，底部设有叉孔。

图 7－5　活体动物的运输

三、活体动物的储运要求

为保证动物呼吸正常，包装的通气孔不可被其他货物或塑料布遮盖。

动物应存放在安静的区域内，一般情况下应存放在光线比较柔和的环境内。仓库内经常存放动物的区域应定期清洁、消毒。

除非托运人特别要求，承运人不负责给动物喂食、喂水。

四、活体动物的运输文件

1. 活体动物申报单

托运人必须填开活体动物申报单一式两份，签字后交给承运人；托运人必须确认承运人不承担由于自然原因造成动物死亡、丢失的任何责任；一份申报单由收运货物的承运人留存，另一份随货运单运往目的地站。

2. 货运单

货运单的品名栏内必须写明与《活动物规则》(简称 LAR) 一致的动物俗名及动物数量；注明已订妥的各航段航班号/日期；所有文件的名称和其他操作要求都应在“Handing Information”栏内注明。

除必备的设备和饲料外，动物与其他货物不可作为一票货物交运。活体动物运输不办理运费到付。

3. 其他文件

托运人负责提供动物检疫证明，有关国家的进、出口许可证等。

五、活体动物运输的预先安排

1. 航线

运输活体动物时，应优先使用直达航班，减少起飞、落地次数，避免重复操作和温度的急剧变化；

收运动物前，必须订妥全程舱位，并符合有关承运人的运输条件；

如需变更承运人，必须重新得到续程承运人的许可；

选择运输路线时，还需考虑从收运到交付所需的总时间。

2. 机型

因为只有部分机型的下货舱可以通风和控制温度，动物装载在下货舱内运输时，应考虑不同的飞机所能提供的运输条件。大多数动物可装载在全货机的主货舱内。

图 7－6　活体动物运输货舱

3. 机场设施

发运动物前必须确认有关机场备有所需的装卸和仓储设施；如果在周

末和节日无法办理海关和联检手续，应尽量安排动物在工作日提前到达中转站或目的站。

4. 预先通知

如已经做好各项准备工作，托运人应通知收货人货物的运输情况，保障货物到达目的地后，托运人可及时办理海关、卫生检疫手续，提取货物。

第四节　危险品的运输

根据《危险品规则》的定义，危险品是指在航空运输中，对健康、安全、财产或环境构成危险，并在其品名表中列明和根据此规则进行分类的物品或物质。

为了储运安全和管理便利，《危险品规则》根据危险品的危险性质差异，将危险品划分为九大类。

一、危险品的分类

1. 第一类——爆炸品

爆炸品的实质，就是固体和液体的混合物，其自身能够通过化学反应产生气体，并使温度、压力急剧上升，发生爆炸，对周围造成破坏。

图 7－7　炸弹

爆炸品按其危险性程度不同被划分为下面六项。

（1）有整体爆炸危险的物质和物品；

（2）有迸射危险，但无整体爆炸危险的物质或物品；

（3）有燃烧危险，并兼有局部爆炸危险，或局部迸射危险之一，或兼有这两种危险但无整体爆炸危险的物质和物品；

(4) 不呈现重大危险的物质和物品；

(5) 有整体爆炸危险的非常不敏感物质；

(6) 没有整体爆炸危险的极端不敏感物品。

2. 第二类——气体

气体是指具有下列性质的物质：在 50℃时，其蒸气压大于 300KPa，或在 20℃、101.3KPa 标准大气压下为完全处于气态的物质。

根据气体的主要危险性，可以分为以下三项：

(1) 易燃气体，如常见的氢气、甲烷、乙炔等。

(2) 非易燃、无毒气体，如二氧化碳、氖、氮等。

(3) 毒性气体，其毒性或腐蚀性危害人体健康，如催泪弹、氯气、硫化氢等。

图 7-8 催泪弹

3. 第三类——易燃液体

易燃液体是指在闭杯闪点实验中温度不超过 60℃，或在开杯闪点实验中温度不超过 65.6℃时，放出易燃蒸气的液体、液体混合物及含有固体的溶液或悬浊液。如油漆、酒精、汽油等。

图 7-9 汽油

4. 第四类——易燃液体、自燃物质、遇水释放易燃气体物质

第四类危险品主要分为下列几项：

（1）易燃固体。在正常运输情况下，容易燃烧或摩擦起火的物质。如火柴、乒乓球、樟脑丸等。

（2）自燃固体。在正常运输情况下，容易自动放热，或与空气接触容易升温或随即燃烧的物质。如白磷。

（3）遇水释放出易燃气体的物质；与水反应，容易自燃或放出大量危险的易燃气体的物质。如锂、钠、电石。

5. 第五类——氧化剂和有机过氧化物

第五类危险品被分为以下两项：

（1）氧化剂。氧化剂是指本身并不一定燃烧，但通常因为放出氧可能引起或促使气体物质燃烧的物质。如过氧化氢、漂白粉。

图 7－10 漂白粉

（2）有机过氧化物。含有过氧基的有机物质的性质是，遇热不稳定，可以放热而加速自身的分解；易于爆炸分解；速燃，对碰撞和摩擦敏感；与其他物质进行危险的反应；损伤眼角膜。

6. 第六类——毒性和传染性物质

第六类危险品又分为两项：

（1）毒性物质。毒性物质也称为毒害品，是指在吞食、吸入或与皮肤接触后，可能造成死亡，或严重受伤，或损害人的健康的物质。

（2）传染性物质。传染性物质指已知含有或有理由认为含有病原体的物质。病原体定义为：可对人类和动物引起传染性疾病的微生物（包括病菌、病毒、寄生虫、真菌）等其他介质。

7. 第七类——放射性物质

放射性物质是能够自发和连续地放射出某种类型的辐射（电离辐射）的物质，这种辐射对健康有害，可使照相底片或X光片感光。这种辐射不能被人体的任何感官（视觉、听觉、嗅觉、触觉）所觉察，但可以用合适的仪器来探测和测量。仪器能够测量出远低于影响到健康水平的非常小的辐射。

8. 第八类——腐蚀性物质

腐蚀性物质是指在发生泄漏的情况下，由于产生了化学反应而能够严重损伤与之接触的生物组织或严重损坏其他货物及运输工具的物质。常见的氢氟酸、氢氧化钠和含有酸性或碱性物质的电池都是腐蚀性物质。

9. 第九类——杂项危险品

对于航空运输而言，有些物质和物品不具备前列八类危险性货物的任一特性，但可能会危及航空运输安全。为此联合国及国际民航组织在危险货物运输规则中专门设立了第九大类：杂项危险物品，如磁性物质、干冰、电动轮椅等。

二、危险品的运输文件

1. 危险物品申报单

托运人必须填写一式两份的危险物品申报单，签字后一份交始发站留存，另一份随货物运至目的站。

申报单必须由托运人填写、签字并对申报的所有内容负责；任何代理人都不可代替托运人签字。

2. 航空货运单

在航空货运单的“Handling Information”栏内应注明危险品的件数，并注明“Dangerous goods as per attached Shipper's Declaration”或“Dangerous goods as per attached DGD”.

3. 补充文件

获批准运输的危险品，必须附有批准文件并注明数量限制和包装要求。

4. 机长通知单

营运人必须在飞机起飞前尽早向机长提供准确清晰的书面资料（手写或打印），告之危险品情况。

第五节　其他特种货物的运输

一、灵柩、骨灰的运输

1. 灵柩的包装

尸体经过防腐处理，装入专门的裹尸袋中密封，放入焊接严密的金属箱内。箱内放入木屑或木炭作为吸湿物，将金属箱放入木棺中，木棺的两侧装有把手。灵柩必须完好无损，接缝严密，保证内装液体不渗漏。在外包装上拴贴识别标签和操作标签。

2. 灵柩托运的条件

（1）托运人应该凭医院出具的死亡证明及有关部门出具的准运证明事先与承运人联系。

（2）尸体无传染性。

（3）尸体经过防腐处理，并在防腐期限以内。

（4）尸体以铁质棺材或木质棺材为内包装，外加铁皮箱和便于装卸的环扣。棺内敷设木屑或木炭等吸附材料。棺材应当无漏缝并经过钉牢或焊封，确保气味及液体不外溢。

（5）在办理托运时，托运人须提供殡葬部门出具的入殓证明。

3. 骨灰的运送

骨灰应装在封闭的罐内或盒内，外面用木箱套装。随附的有关文件应有死亡证明书和火化证明书。

二、带有强烈异味货物的运输

由于温度的变化或飞行时间较长，一些货物如硫化物、香精和热带水果所散发的气味会使旅客和机组感到不适，同时也会污染其他货物。收运此类货物时，应仔细检查包装，保证内装物品不渗漏，也可建议托运人使用吸附材料（如二氧化硅）。有些带有异味的货物属危险物品，应严格按照《危险品规则》的要求运输。

三、外交信袋的运输

外交信袋应有完好的包装和明显的封志，使用挂签，外包装不得有其他粘贴物。应按照指定航班日期运出，如不能按时运出，应及时采取补救措施。

外交信袋储运要求：

（1）外交信袋应放在专用库房内，进出库房应有登记，各运输环节应按规定进行交接；

（2）外交信袋一般应安排在直达航班上运输，国际航班国内段不安排外交信袋的运输；

（3）外交信袋应放在货舱内的明显位置，并且不能与航空邮件装在一起；

（4）外交信袋不可与放射性物质及磁性物质放在同一货舱内。

课后练习

1. 贵重物品指的是什么？
2. 鲜活易腐物品指的是什么？
3. 简述活体动物的储运要求。
4. 简述危险品的分类。

第八章 民航运输法律法规

第一节 航空运输合同与航空运输凭证

一、合同

合同是指平等主体的自然人、法人、其他组织之间设立、变更、终止民事权利义务关系的协议。

合同具有以下特征：

合同是一种民事法律行为；

合同以产生、变更、终止民事权利义务关系为宗旨；

合同是当事人意思表示一致的协议；

合同的目的是按照当事人的意志设立、变更、终止特定的财产性民事法律关系，因而有关婚姻、收养、监护等身份关系的不适用合同法规定。

二、航空运输合同

1. 航空运输合同的定义

航空运输合同是指航空运输承运人（如国航）使用民用航空器将旅客或者货物从起运点运输到约定地点（如从成都到北京），旅客、托运人或者收货人支付票款或者运输费用的合同。

2. 航空运输合同的特征

航空运输合同最大的特点就是它是一种格式合同。

格式合同，又称标准合同、定型化合同，是指当事人一方预先拟定合同条款，对方只能表示全部同意或者不同意的合同。因此，对于格式合同的非拟定条款的一方当事人而言，要订立格式合同，就必须全部接受合同条件；否则就不订立合同。

____年____月____日

<table>
<tr><td colspan="2">到　站</td><td colspan="2">站</td><td colspan="2">经　由</td><td>站</td></tr>
<tr><td colspan="2" rowspan="2">发货人</td><td colspan="4">单位、姓名：</td><td>电话</td></tr>
<tr><td colspan="5">详细地址：</td></tr>
<tr><td colspan="2" rowspan="2">收货人</td><td colspan="4">单位、姓名</td><td>电话</td></tr>
<tr><td colspan="5">详细地址：</td></tr>
<tr><td>顺号</td><td>品　名</td><td>包装种类</td><td>件　数</td><td>实际重量</td><td>声明价格</td><td>记　事</td></tr>
<tr><td></td><td></td><td></td><td></td><td></td><td></td><td rowspan="5"></td></tr>
<tr><td></td><td></td><td></td><td></td><td></td><td></td></tr>
<tr><td></td><td></td><td></td><td></td><td></td><td></td></tr>
<tr><td></td><td></td><td></td><td></td><td></td><td></td></tr>
<tr><td colspan="2">合　计</td><td></td><td></td><td></td><td></td></tr>
<tr><td colspan="2" rowspan="2">发货人</td><td colspan="4">单位、姓名：</td><td>电话</td></tr>
<tr><td colspan="5">详细地址：</td></tr>
<tr><td colspan="2" rowspan="2">收货人</td><td colspan="4">单位、姓名</td><td>电话</td></tr>
<tr><td colspan="5">详细地址：</td></tr>
<tr><td colspan="7"></td></tr>
<tr><td colspan="2" rowspan="2">发货人</td><td colspan="4">单位、姓名：</td><td>电话</td></tr>
<tr><td colspan="5">详细地址：</td></tr>
<tr><td colspan="2" rowspan="2">收货人</td><td colspan="4">单位、姓名</td><td>电话</td></tr>
<tr><td colspan="5">详细地址：</td></tr>
</table>

图 8-1　航空货运单

三、航空运输合同的内容

1. 合同主体

承运人：通常指航空公司；

航空运输的使用人：旅客、货主和托运人。

2. 承运人的权利和义务

(1) 承运人的四项权利

有权要求旅客出示客票、行李票；

有权要求托运人填写货运单；

有权要求对方支付运价；

有权要求对方遵守旅客运输和货物托运的统一规定。

(2) 承运人的义务

按照合同约定为旅客、托运人或其他当事人提供安全、正常、优质的运输条件和服务；

对运输过程中由于承运人违反约定义务造成对方人员和财产损失的，应承担赔偿责任。

3. 航空运输使用人的权利和义务

(1) 航空运输使用人的权利

要求承运人提供合同约定的运输条件和服务；

在不使承运人遭受损失的情况下有权提出变更合同内容的要求，如旅客更改机票、托运人变更收货地等；

有权提取行李或要求承运人移交航空货运单并支付货物及对货物行使处置权；

因承运人违反约定造成损失的，有权要求赔偿。

(2) 航空运输使用人的义务

按规定支付运价；

切实按照航空运输合同规定的运输条件履行义务；

如未按照运输合同约定履行义务造成承运人损失的，应偿付由此产生的费用。

【案例一】

某航空公司 7604 航班从大连经天津到太原，在始发站由于天气原因航班延误 8 小时 18 分钟，旅客在大连机场等候时，航空公司代理人按照规定向旅客提供了服务。该航班到达天津后，在准备起飞时由于飞机故障改在次日上午 10 时起飞。当晚天津地服按照规定为旅客提供了免费食宿。次日上午飞机故障未能排除。15 时左右，部分旅客提出退票，但是地面服务代理人以应到出票地退票为由拒绝了旅客的要求，后经交涉，天津机场为 5 位旅客办理了退票，其他旅客未予办理。17 时 30 分飞机故障排除，通知旅客登机，旅客拒绝登机。经过解释，旅客于 19 时 45 分登机。

旅客到达太原后将联名抗议书交给机场值班人员。航空公司对旅客投诉的问题进行了说明并表示歉意，对此，旅客并不满意，向太原市中级人民法院提起诉讼。

思考：该航空公司有没有违约?

第二节　损害赔偿

赔偿是指在法律规定的条件下，当事人承担的以财产给付为内容的强制性义务。

一、国内航空运输赔偿

1. 我国航空运输赔偿限额

我国航空运输赔偿限额经历了六个发展阶段：

(1) 1951 年到 1981 年：1500 元；

(2) 1982 年：5000 元；

(3) 1988 年：8000 元；

(4) 1989 年：2 万元；

(5) 1993 年：7 万元；

(6) 2006 年：40 万元。

不过，在 2006 年新的《国内航空运输承运人赔偿责任限额规定》出台前，在以往的航空事故赔偿中，实际上早就突破了 7 万元的责任限额。如：

1999 年，西南航空公司温州空难赔偿金额为 12.5 万元；

2002 年，北方航空公司大连空难赔偿金额为 18.2 万元至 19.4 万元；

2004 年，东方航空公司包头空难的赔偿金额为 21.1 万元。

图 8-2　包头空难事故现场

2. 我国法律法规的相关规定

《中华人民共和国民用航空法》（以下简称《民用航空法》）第一百二十八条第一款：国内航空运输承运人的赔偿责任限额由国务院民用航空主管部门制定，报国务院批准后公布执行。

我国在 2006 年 2 月 28 日颁布了新的《国内航空运输承运人赔偿责任限额规定》（以下简称新《规定》），规定：

（1）对每名旅客的赔偿责任限额为人民币 40 万元；

（2）对每名旅客随身携带物品的赔偿责任限额为人民币 3000 元；

（3）对旅客托运的行李和对运输的货物的赔偿责任限额为每千克人民币 100 元。

新《规定》第五条："旅客自行向保险公司投保航空旅客人身意外保险的，此项保险金额的给付，不免除或者减少承运人应当承担的赔偿责任。"

新《规定》溯及力：自新《规定》施行之日起发生的空难赔偿或对旅客、货主的各种损害赔偿，才适用新《规定》；之前的空难赔偿或各种国内航空运输中的损害赔偿，按照原《暂行规定》执行。

特别要注意这里适用的航空公司：不包括外国航空公司。

二、国际航空运输赔偿

《民用航空法》第一百二十九条规定：

（1）对每名旅客的赔偿责任限额为 16600 特别提款权；

（2）对托运行李或者货物的赔偿责任限额为每公斤 17 特别提款权；

（3）对每名旅客随身携带的物品的赔偿责任限额为 332 特别提款权。

限额赔偿的例外：《民用航空法》第一百二十九条规定，国际航空运输的旅客可以同承运人书面约定高于规定的赔偿责任限额。

三、其他情况

（1）《民用航空法》第一百一十一条、第一百一十二条、第一百一十六条规定，以下几种情况承运人无权援用《民用航空法》关于赔偿责任限额的规定：

承运人同意旅客不经其出票而乘坐民用航空器的；

载运托运行李而不出具行李票的；

同意未经填具航空货运单而载运货物的。

（2）《民用航空法》第一百三十二条规定：

经证明，航空运输中的损失是由于承运人或者其受雇人、代理人的故意或者明知可能造成损失而轻率地作为或者不作为造成的，承运人无权援用本法第一百二十八条、第一百二十九条有关赔偿责任限制的规定；证明承运人的受雇人、代理人有此种作为或者不作为的，还应当证明该受雇人、代理人是在受雇、代理范围内行事。

四、行李的赔偿

1985 年 1 月 1 日制定，2004 年 7 月 12 日修订的《中国民用航空旅客、行李国内运输规则》对行李的赔偿做出了规定。

第三十四条　重要文件和资料、外交信袋、证券、货币、汇票、贵重物品、易碎易腐物品，以及其他需要专人照管的物品，不得夹入行李内托运。承运人对托运行李内夹带上述物品的遗失或损坏按一般托运行李承担赔偿责任。

第四十九条　旅客的丢失行李如已办理行李声明价值，应按声明的价值赔偿，声明价值附加费不退。行李的声明价值高于实际价值时，应按实际价值赔偿。行李损坏时，按照行李降低的价值赔偿或负担修理费用。

【案例二】

郑先生的爱犬“杰西卡”是一只从澳大利亚引进的边境牧羊犬，两年前购入的价格是 4 万元。郑先生很喜欢这只狗，对他来说，“杰西卡”不仅仅是一只狗，也是一个非常重要的家庭成员。“杰西卡”满月时，郑先生请专业摄影师给它拍照。郑先生结婚时，“杰西卡”和另一只狗成了婚纱照中的“配角”。郑先生的老丈人视力不好，郑先生花了 5000 元把“杰西卡”训练成导盲犬，陪伴老人外出。

2007 年 7 月 6 日，郑先生把“杰西卡”空运到北京参加一个比赛。当天下午，郑先生的朋友去接货时，竟然发现“杰西卡”已经死亡，当时他拍下了现场照片。郑先生指着照片气愤地说，运输用的木箱都被狗刨下了很多木屑，由此可以看出“杰西卡”死的时候有多么痛苦。他推测是工作人员操作不当，把狗放到无氧舱运输，导致狗窒息死亡。郑先生遂向航空公司提出赔偿要求。

图 8—3　郑先生展示证据

思考：航空公司应该如何赔偿?

五、精神损害赔偿

旅客在国际航空运输中遭受精神权益的损失能否获得统一的赔偿，是一个在国际航空旅客运输的理论与实践中尚存在争议的问题。目前被各航空运输大国广泛接受的 1999 年《统一国际航空运输某些规则的公约》（《蒙特利尔公约》）对此没有明确的规定。

【案例三】

1999年8月4日，杨女士出国考察完毕，乘坐美国西北航空公司的NW21班机从夏威夷回国。在飞机上杨女士向乘务员要了一杯热开水，就在乘务员转身离去时，那杯刚放下的热开水翻倒，致使杨女士下腹部及两条大腿根部严重烫伤。由于航班上的急救箱内除了阿司匹林片剂外，就是一些绷带，抱歉的机长只能将几颗阿司匹林片剂给杨女士，让她用杯子碾碎后和水调成糊状，涂抹在红肿的伤口上。

机长联系中途东京机场的美国西北航空公司地勤人员，由两名地面女员工在机舱口迎接杨女士，陪同杨女士去诊所治疗。为了使杨女士能够得到及时治疗，美国西北航空公司还为杨女士办理了紧急入境手续。但在被领到一家小诊所门口，并被告知要交200美元预诊费时，杨女士顿时傻了眼，因为她的行装都在飞机上。身无分文的杨女士又被带回飞机，忍痛回到了上海。后经医院诊断为深Ⅱ度烫伤。

为了给自己讨个说法，杨女士于2003年向上海静安区人民法院提起诉讼，要求美西北航空公司赔付自己的医药费和精神抚慰金1美元，并登报赔礼道歉。

思考：航空公司的处置是否得当？杨女士的要求是否合理？

六、关于上下民用航空器的界定

《民用航空法》第一百二十四条规定：

因发生在民用航空器上或者旅客上、下民用航空器过程中的事件，造成旅客人身伤亡的，承运人应当承担责任；但是，旅客的人身伤亡完全是由于旅客本人的健康状况造成的，承运人不承担责任。

《合同法》第288条规定：

运输合同是“承运人将旅客或货物从起运地点运输到约定地点，旅客、托运人或者收货人支付票款或运输费用的合同”。同时规定承运人应当将旅客安全运输到约定地点。

1. 上民用航空器的过程

（1）登机前的准备

旅客在隔离区候机期间、旅客乘摆渡车或步行穿过机坪的期间。

(2) 登机方式

登机有两种方式：

廊桥：起始点为旅客迈入廊桥的第一步时，或者以候机楼与廊桥的连接处为界线。

图 8—4　廊桥登机

客梯车或飞机舷梯登机：登机的过程从旅客踏上客梯或舷梯的第一步算起，或者以客梯或舷梯与地面的连接处为界线。

图 8—5　客梯车或飞机舷梯登机

2. 下民用航空器的过程

廊桥：只要旅客双脚安全踏入候机楼，就认为其完成了下机的过程。

客梯车或飞机舷梯：旅客只要双脚安全地踏到地面，就认为其完成了下机的过程。

【案例四】

2006 年 4 月 17 日，HU7267（海口—西安）航班在西安落地后，有一名 85 岁的旅客及随行家属中转海航 HU7811 航班前往西宁，在西安机场地面服务人员的引导下，在中转厅上电动扶梯时，由于旅客行动不便，不慎摔倒，送往医院检查后发现腿部骨折。西安咸阳机场承担了包括 120 救护车、机场宾馆住宿等相关费用。次日，海航按照担架旅客保障运输，在拆掉 9 个座位后承运该旅客抵达西宁。

思考：旅客摔伤，海航是否应该承担责任？

【案例五】

2006 年 5 月 12 日，HU7662 郑州—天津航班共 31 名旅客（飞机号：多尼尔 B3986；机组人员：王庆玉机长，胡术良一副，陈平均二副，乘务员兼安全员王超）14:41 从郑州正点起飞，15:40 在天津落地后，旅客尹鸿生（男，67 岁，运输过程中未向海航提出任何特殊服务要求）在行至六号廊桥与候机厅走廊交叉处突然倒地，现场值机人员发现后马上通知商调，同时电话通知机场急救中心医护人员，医护人员于 16:00 到达现场进行急救，120 急救车于 16:08 将旅客送至天津市武警医院进行救治，后经救治无效，该旅客在途中死亡。

思考：该旅客发生事故的责任期间是否是上、下民用航空器的过程？海航是否应该承担责任？

第三节 航班延误

一、航班延误的法律规定

1. 航班延误的赔偿主体

航班延误的赔偿主体是承运人。

2. 相关法律规定

《民用航空法》第一百二十六条规定：

旅客、行李或者货物在航空运输中因延误造成的损失，承运人应当承担责任；但是，承运人证明本人或者受雇人、代理人为了避免损失的发生，已经采取一切必要措施或者不可能采取此种措施的，不承担责任。

1985年1月1日制定，2004年7月12日修订的《中国民用航空旅客、行李国内运输规则》中区分了承运人原因和非承运人原因。其中有四条是跟航班延误有关：第55条、56条、57条和58条。

如果由于非承运人的原因，造成航班延误，承运人应协助旅客安排餐食和住宿，费用可由旅客自理。非承运人原因包括：天气、突发事件、空中交通管制、安检以及旅客等。

如果承运人原因航班在经停地延误或取消，无论何种原因，承运人均应向经停旅客提供餐食和住宿等服务。具体包括：机务维修、航班调配、商务、机组等原因。

2004年7月1日，中国民用航空总局发布的《航班延误经济补偿指导意见》规定：

(1) 航空公司因自身原因造成航班延误标准分为两个，一个是延误4小时以上、8小时以内；一个是延误超过8小时以上。对于这两种情况，航空公司要对旅客进行经济补偿。

(2) 补偿方式：可以通过现金、购票折扣和返还里程等方式予以兑现。

(3) 在航班延误的情况下，为了不再造成新的延误，经济补偿一般不在机场现场进行，航空公司可以采取登记、信函等方式进行。

(4) 机场应该制止旅客在航班延误后，采取“罢乘”“占机”等方式影响航班的正常飞行。

2007年9月1日，中国民用航空总局明确规定，今后各航空公司在航班延误后要每隔30分钟向旅客通报一次，延误2小时以上必须有配餐，但依然没有明确赔偿标准。

【案例六】

10月3日17点30分，王非等人乘坐北京飞往上海的航班。登机40分钟后，飞机丝毫未动，旅客得到的答复是原因不清楚。于是旅客便走下机舱要求机场方面对事情进行解释，并要求机场给予延机经济赔偿。

当晚22点40分，机场负责人与旅客会面，声称航班延误是由于机械故障，并给予每位旅客100元的经济补偿。

王非等旅客认为，机场航班延误的行为严重侵犯了他们的合法权益，而补偿金额过低，遂向法院提起了诉讼。

思考：法院是否受理该起诉？

二、航班延误后航空公司的义务

1. 告知义务

《合同法》第298条：

承运人应当向旅客及时告知有关不能正常运输的重要事由和安全运输中应当注意的事项；

《公共航空运输服务质量标准》：

当航班延误信息不确定时，应每隔30分钟通报一次；

延误航班的始发站每隔一小时向经停站、到达站提供一次延误信息。

2. 补救义务

《合同法》第299条：

承运人应当按照客票载明的时间和班次运输旅客。承运人迟延运输的，应当根据旅客的要求安排改乘其他班次或者退票。

《中国民用航空旅客、行李国内运输规则》：

第十九条：航班取消、提前、延误、航程改变或不能提供原定座位时，承运人应优先安排旅客乘坐后续航班或签转其他承运人的航班。因承运人的原因，旅客的舱位等级变更时，票款的差额多退少不补。

第二十三条：航班取消、提前、延误、航程改变或承运人不能提供原定座位时，旅客要求退票，始发站应退还全部票款，经停地应退还未使用航段的全部票款，均不收取退票费。

第六十二条：航班延误或取消时，承运人应根据旅客的要求，按本规则第十九条、第二十三条的规定认真做好后续航班安排或退票工作。

3. 损害赔偿义务

《合同法》第107条：

当事人一方不履行合同义务或者履行合同义务不符合约定的，应当承担继续履行、采取补救措施或者赔偿损失等违约责任。

《民用航空法》第一百二十六条：

旅客、行李或者货物在航空运输中因延误造成的损失，承运人应当承担责任；但是，承运人证明本人或者其受雇人、代理人为了避免损失的发生，已经采取一切必要措施或者不可能采取此种措施的，不承担责任。

三、承运人承担责任的范围

《民用航空法释义》列举：

旅客在等待另一个航班过程中所支出的特殊费用；

旅客误乘下一个经停地点航班的损失；

旅客购买另一航空公司机票面额外支出的票款。

四、航班延误后旅客的权利

航班延误后，旅客享有以下权利：

（1）知情权；

（2）签转权；

（3）索赔权。

第四节　航班超售

一、航班超售的概念

超售，英文是“overbooking”，译文应当是“超订座”，就是航空公司的每一航班实际订座大于飞机客舱内可利用座位。

二、航班超售的原因

超售的原因：避免座位虚耗。

造成座位虚耗的原因：

（1）旅客购买机票并订好座位，却没有按约定的时间前往机场办理登机手续，英文称为“NO-SHOW”。

（2）旅客可能同时与多家机票代理联系购票，各家代理都订座，无意中造成重复。

（3）旅客由于乘坐另一航空公司或同一航空公司的航班，由于延误等原因而错过衔接航班。

（4）航空公司不要求旅客“再证实”座位。

（5）航空公司代理人的虚假订座等。

三、我国的法律规定

超售最早是一种国际惯例，而不是法律，所以我国各级立法机构没有规定超售，只是由中国民用航空局消费者事务中心 2014 年编定的《消费者航空旅行指南》给予明确规定。

关于航班超售，目前我国只有地方航空公司已经出台了相应的补偿细则，但是三大航空集团仍然保持沉默。

《中华人民共和国消费者权益保护法》第四十九条：经营者提供商品或者服务有欺诈行为的，应当按照消费者的要求增加赔偿其受到的损失，增加赔偿的金额为消费者购买商品的价款或者接受服务的费用的一倍。

【案例七】

海南航空关于国内航班超售致旅客的公开信（2007 年 7 月）

1. 航班超售信息告知途径

我们将在售票处及海航网站上发布本公开信，并在机场相关区域通过告示、广播等形式发布具体的航班超售信息。

2. 志愿者和优先保障登机顺序

如果航班超售，我们的工作人员会首先征询自愿放弃座位的志愿者，我们会为志愿者提供经济补偿和后续服务。在没有足够志愿者的情况下，我们会优先保障登机的顺序：

（1）VIP、CIP 贵宾；

（2）后续衔接国际航班的旅客；

（3）头等舱、公务舱旅客；

（4）海航金鹿卡、金鹏卡、金鹏银卡旅客；

（5）公司同意并事先安排的老弱病残等特殊旅客；

（6）证明有特殊困难、急于成行的旅客；

（7）到达站转机衔接时间短的联程旅客；

（8）其他旅客按照票面价由高到低的顺序，同等舱位则先到的旅客优先。

3. 非自愿被拒绝登机的旅客服务

（1）如果旅客选择退票，按照非自愿退票处理，免收退票费。

我们补偿旅客所持客票超售航段票面价格的 30%；如果补偿金额低于 200 元人民币，则按照 200 元人民币补偿。

（2）如果旅客选择改签后续航班，我们负责免费改签至后续最早有空余座位的航班，并至少补偿 200 元。

（3）其他服务。

在上述免费改签后续航班和经济补偿的基础上，在用餐时间，我们为旅客提供免费餐食和饮料。当后续的航班时刻和原定航班时刻差距在 4 个小时（含）以上时，我们为旅客提供免费酒店休息服务。

思考：海航关于航班超售的有关规定是否合理？

四、界定航班超售应注意的问题

1. 超售是否属于违约行为

《合同法》规定：客运合同自承运人向旅客交付客票时成立。合同成立后，承运人应当在约定期间或合理期间内将旅客、货物安全运输到约定地点。承运人迟延运输的，应当根据旅客的要求安排改乘其他班次或者退票。

2. 以下几种情况下的超售不属于违约行为

(1) 航班预期超售但并没有实际超售，结果航空公司与旅客按照约定实际履行了合同，故没有违约。

(2) 航班最后实际超售，但航空公司通过合适的方式和合理的赔偿让旅客自愿弃乘，更改航班时刻，这是民法中当事人自治原则的体现，也是法律所允许的，可以认为没有违反结果要件。

五、超售赔偿中应注意的问题

我国规定超售机票的损失只是补偿，而不是赔偿。同时，即使是赔偿也只是包括直接损失，而不包括间接损失赔偿。

超售只是属于违约，而不属于欺诈，故不适用惩罚性赔偿。

【案例八】

2006 年 5 月 15 日，为了能够按时返回南宁，广西南宁的张大力与另外 14 名到上海旅游的同事在南方航空公司购买了当日 12 时 10 分从上海虹桥至南宁的南航 CZ168 航班机票，票价 660 元。但是，当张大力和同事赶到机场欲办理登机手续时，南方航空公司地勤人员却以航班机票超售为由，拒绝他们登机。经过协商，南方航空公司安排张大力等人改乘当日 19 时 45 分的深航 ZH338 航班返航，并表示将按每人 200 元的标准对他们予以赔偿。张大力等人拒绝接受赔偿，将南方航空公司告上了法院。

思考：法院是否受理此案？

课后练习

1. 航空运输合同的主体是____________、____________。

2. 简述承运人的权利。

3. 简述下民用航空器的过程。

4. 航班延误的赔偿主体是____________。

5. 航班延误后旅客的权利有哪些?

6. 什么是超售?

第九章　航空客运管理制度及工作细则

第一节　某机场控制区通行证件管理规定

一、总则

第一条　为规范某机场控制区的安全管理，维护民用航空秩序，保障民用航空安全，依据《中华人民共和国民用航空安全保卫条例》等法律、法规、规章的规定，结合某机场实际情况，制定本规定。

第二条　本规定适用于在某机场控制区内活动的所有人员。

第三条　机场控制区，是指根据需要在机场内划定的进出受限制的区域。

某机场控制区（以下简称机场控制区或控制区）划分为：

图 9—1　航空器活动区

（一）航空器活动区，指机场内用于航空器起飞、着陆和滑行的部分以及与此有关的地面活动区域内标定的供人员、车辆通行的场地，包括机动区、停机坪和服务道；

（二）候机隔离区，指在候机楼内划定的供已经安全检查的出港旅客等待登机的区域以及登机通道、摆渡车等，即安全检查点与航空器之间的一切旅客离港区域；

图 9—2　**候机隔离区**

（三）行李领取区，指候机楼内入港行李等待旅客领取的区域；

图 9—3　**行李领取区**

（四）国际联检区，指候机楼内海关、边检、检验检疫、口岸签证等单位联合检查的区域，包括国际出发、抵达联检区域；

图 9-4　国际联检区

（五）行李/货物分拣装卸区，指将进出港行李/货物按航班进行分拣、装卸的区域；

图 9-5　行李/货物分拣装卸区

（六）执行航班任务的航空器，包括客舱和货舱；

（七）货物存放区，指已经安全检查的出港货物分拣等待装机以及入港货物分拣等待领取的货物存放作业区域；

图 9-6　货物存放区

（八）航空器维修区，指为航空器维修提供的所有区域或设施，包括停机坪、机库、建筑物、车间、停车场以及与其相关的道路；

图 9—7　航空器维修区

（九）其他应当列为控制区进行管制的区域。

第四条　机场控制区通行证（以下简称通行证）是控制区工作的人员和车辆用以证明工作身份及其通行权利的专用证件。

本规定所称控制区通行证，仅指人员通行证。

进入机场控制区的人员必须持有控制区通行证。

第五条　某航机场控制区通行证按照用途和有效期限分为长期通行证、短期通行证、临时通行证三类。

第六条　长期通行证的发放范围限于长期在控制区内从事工作的下列人员：

（1）从事民航生产运输、勤务保障单位的工作人员；

（2）担负安全保卫、口岸查验单位的工作人员；

（3）在控制区内从事商业经营租户的管理人员；

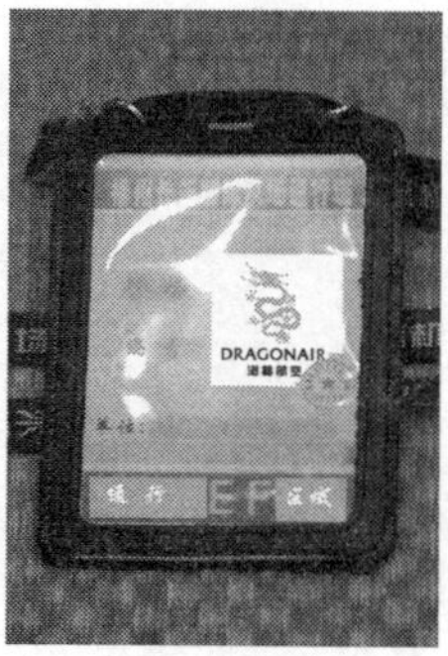

图 9—8　机场通行证

长期通行证的最长有效期限为两年。

第七条 短期通行证的发放范围限于：

(1) 符合长期通行证发放范围，但初次申领通行证的人员。

(2) 因证件丢失需补办短期通行证的人员；

(3) 短期进入机场控制区内进行生产运输、勤务保障、商业经营、施工等工作的人员；

(4) 需短期进入机场控制区从事工作的其他人员。

短期通行证的有效期限视具体需要而定，但一次办证期限最长不超过三个月。

第八条 临时通行证发放范围限于：

(1) 负责接待、警卫国家规定要客的工作人员；

(2) 需进入控制区进行检查、考察、学习、采访等临时性工作的人员；

(3) 需进入控制区进行设备设施检修、维护等临时性工作的人员。

临时通行证的有效期限最长不超过二十四小时。

第九条 机场控制区通行证由某市公安局某国际机场分局（以下简称机场公安分局）统一制发、管理。

二、申领和发放

1. 一般规定

第十条 某市公安局某国际机场分局空防警保大队（以下简称发证机关）是机场控制区通行证管理的职能部门，具体负责通行证的制发和管理工作。

第十一条 办理通行证的申请由保荐机构提交。

初次申领通行证需提交以下材料：

(1) 保荐机构提出的书面申请材料，包括申请事由、申办人员汇总表、单位人事部门出具的申请人岗位证明文件或劳动合同等；

(2) 机场控制区通行证申请表；

(3) 申请人有效身份证件原件及复印件；

(4) 背景调查资料；

（5）培训考核情况；

（6）发证机关认为需要提交的其他相关材料。

境外人员申请办理通行证需提交的材料除前款所列项目外，还应提交签证复印件、在华务工或就业许可证明。

第十二条　保荐机构提交的办理通行证申请应当经过审查，以确定其是否符合办证条件的完整性、真实性、安全性和必要性。

在控制区内从事商业经营租户以及需进入控制区施工提交的办理通行证申请由候机楼派出所负责审查，其他办理通行证申请由发证机关负责审查。

第十三条　候机楼派出所和发证机关应当在收到办理通行证申请之日起三个工作日内完成是否符合办证条件的审查。不符合办证条件的，应当一次性告知不符合的具体原因。不符合办证条件重新提交申请的，审查时间重新计算。办证数量大或急需使用通行证等特殊情况，审查机关可以适当延长或缩短审查时间。

第十四条　所有经审查符合办证条件的申请均需经机场公安分局审核批准。发证机关应当根据审核批准意见，在三个工作日内完成通行证的制作、发放。办证数量大或急需使用通行证等特殊情况，发证机关可以适当延长或缩短制作和发放时间。

第十五条　通行证登记项目变更、通行证损坏无法辨识、短期通行证逾期续办等情况，应当申请换领新证。领取新证时应当同时交回旧证。

需换领通行证的，由保荐机构提交换领通行证书面申请，并附必要的换领证明材料。审查机关和发证机关应当在保荐机构提交申请材料之日起三个工作日内完成通行证的审查及发放工作。办证数量大或急需使用通行证等特殊情况，审查机关可以适当延长或缩短审查时间。短期通行证逾期续办的申请应当在证件有效期到期前四个工作日内提交。短期通行证逾期超过一个月申请续办的，按照初次申领程序办理。

第十六条　办理控制区通行证按规定收取相应的费用。

2. 保荐机构

第十七条　保荐机构是指经发证机关审查批准，有权签署本单位通行证申请并提出担保推荐意见的机构。

保荐机构最多可以提名三名通行证签署人，负责对本单位申请办理机场控制区通行证人员进行审查，并根据审查结果在申请表上签署意见以示负责。通行证签署人的签名及单位公章印鉴应当向发证机关报备。

保荐机构应当指定一名办证联络员（办证量大的单位可以指定二至三名）具体负责本单位通行证的相关工作。办证联络员的基本情况应当向发证机关报备。

第十八条　保荐机构变更通行证签署人或办证联络员的，应当提前向发证机关报备。

未经发证机关确认的保荐机构、通行证签署人、办证联络员签署或提交的办证申请，发证机关不予受理。

第十九条　保荐机构的职责：

（1）对本单位申办通行证人员进行审查，确保申请人办理通行证的必要性和安全性，并签署担保推荐意见；

（2）向发证机关提交申办通行证的申请材料，并确保其真实性；

（3）负责本单位通行证的申领、发放、续办、变更、挂失、注销等工作；

（4）对本单位员工进行空防安全及通行证使用管理的教育培训；

（5）制定本单位有关控制区通行证的管理制度；

（6）处理本单位与通行证相关的其他工作。

第二十条　保荐机构和通行证签署人：

（1）驻机场从事民航生产保障单位以及与其签订建设、租赁、委托经营合同单位的保荐机构为该民航生产保障单位的安全保卫部门，该民航生产保障单位的主要负责人或经授权的保荐机构负责人为通行证签署人；

（2）海关、边检、检验检疫、公安签证等联检单位驻机场机构的保荐机构由该单位指定，该单位的主要负责人为通行证签署人；

（3）各航空公司驻厦机构的保荐机构由该航空公司指定，该航空公司主要负责人为通行证签署人；

（4）其他申请办证单位的保荐机构和通行证签署人由该单位和发证机构协商确定。

第二十一条　初次申领通行证、变更通行证通行区域、通行证丢失补办、短期通行证逾期续办、变更通行证登记事项、通行证损坏、丢失补办等情况的审查应当由保荐机构负责人、通行证签署人分别签署意见以示负责。

第二十二条　办证数量大的单位可以下设二级保荐机构，行使上级保荐机构授权的有关职能，并承担相应责任。

设立二级保荐机构以及授权其行使的有关职能应当报经发证机关审查批准。

3. 背景调查

第二十三条　背景调查，是指为确定有关人员是否可以单独进入机场控制区，而对其身份、经历、社会关系和现实表现等方面进行的调查。

第二十四条　申办机场控制区通行证的人员应当经过背景调查，只有经过背景调查并符合要求的人员方可发放通行证。对未经背景调查或经调查背景不符合要求的，一律收回证件或停止发证。

申办机场控制区通行证人员的背景调查由所属单位负责，所属单位负责对被调查人提供的背景资料进行审查、核实，并对被调查人作出相应的安保评价。背景资料的真实性由背景调查单位负责。背景调查资料报发证机关审核。

保荐机构提交的背景调查资料应当至少包含对申办通行证人员背景是否符合的分别说明、总体评价以及相应的证明材料等。

发证机关负责对背景调查单位提交的背景调查资料的完整性和符合性进行审核。

第二十五条　背景调查单位应当明确具体的内部调查主管部门和责任人，并向发证机关报备。

第二十六条　背景调查单位应当建立完善的背景调查工作制度和程序，建立完整的背景资料档案，保证背景调查资料的客观、真实、完整。

第二十七条　申办通行证人员的背景应当至少符合以下要求：

（1）未受过刑事处罚或劳动教养；

（2）无未了结的刑事诉讼；

（3）无吸毒、赌博等违法行为；

（4）未参加过非法组织；

（5）无精神病史；

（6）无可能危害民用航空安全的其他情况。

民用航空安全保卫工作人员、专机保障工作人员、贵宾室工作人员等的背景情况除符合以上六项要求外，应增加以下两项要求：

（7）近三年的现实表现良好，品行端正；

（8）配偶、直系亲属和直接抚养人，无因危害国家安全罪或危害公共安全罪受过刑事处罚，或因其他犯罪受过十五年以上有期徒刑的刑事处罚的情况。

第二十八条　境内人员的无违法犯罪记录证明，配偶、直系亲属和直接抚养人的无刑事犯罪证明由被调查人户籍所在地或常住地公安机关出具；无精神病史可由被调查人户籍所在地、常住地公安机关或专门的医疗机构出具，在单位工作满三年以上的，也可由所在单位出具，应届毕业生可由学校保卫部门出具。

境外人员的无违法犯罪记录证明，由被调查人所属国（地区）或常住国（地区）的政府有关部门出具，并经过公证或我驻其使（领）馆或其驻我使（领）馆的领事认证；无精神病史可由被调查人所属国（地区）或常住国（地区）的政府有关部门或专门的医疗机构出具，在单位工作满三年以上的，也可由单位出具。境外人员的无违法犯罪记录证明及其公证和安保评价、无精神病史证明应当有中文翻译件。

无违法犯罪记录证明的出具时间应当在背景调查开始前六个月内，无违法犯罪记录证明应当保持时间连贯。

“近三年现实表现”由被调查人所在单位填写，简要说明被调查人近三年来的思想动态和工作表现，被调查人所在单位对材料的真实性负责。

第二十九条　背景调查资料要定期更新以确保被调查人持续符合要求的标准。已经经过背景调查符合的人员，在一定期限后或重新申办通行证时，应对其最近的背景再次进行调查。

经背景持续性调查发现有不符合背景要求的标准，应当停发或收回通行证。

4. 培训考核

第三十条　申办通行证的人员应当接受不少于一学时的通行证使用和

管理培训，经考核合格后方可发放通行证。未按规定参加培训或经培训考核不合格的，一律停止发证。

通行证的培训考核工作由发证机关组织实施。经发证机关批准，有条件的单位可以自行组织实施培训工作。

第三十一条 申请航空器活动区通行区域的人员必须通过航空器活动区安全运行规则的培训考核。

第三十二条 申请附加功能机坪驾驶的人员必须通过机场交警大队组织的培训考核，发证机关依据机场交警大队出具的考试合格证明和保荐机构的申请函加注机坪驾驶功能。申请附加功能引领陪同的人员须通过发证机关的考核。

第三十三条 自行组织实施培训的单位，保荐机构应当建立健全通行证培训制度，确保培训质量和培训效果。

第三十四条 培训情况作为申办通行证材料的一部分，应当载明以下情况：

（1）参加培训人员基本情况；

（2）培训内容；

（3）培训人、组织人等；

（4）自行组织实施培训的单位必须有保荐机构负责人签章。

第三十五条 以下情况需重新进行培训考核：

（1）两年内未参加培训的；

（2）经培训考核不合格的；

（3）违反规定被收回通行证或取消办证资格的；

（4）其他有必要重新进行培训的情况。

5. 照片

第三十六条 通行证应当包含持证人近期照片。

办证联络员应当组织申办通行证人员到发证机关统一采集照片。

第三十七条 照片的标准：

（1）照片采用白底彩照，文件格式为 jpg 或 jpeg，分辨率 600×800（单位：像素）以上，24bit 真彩色。

（2）照片左右边缘至双肩外侧，上边缘齐头顶，下边缘至衣服上数第三个纽扣。

(3) 免冠，面部正前，眼睛正视。

(4) 不得戴墨镜等有色眼镜。眼睛近视，日常工作中习惯戴近视眼镜者应当戴近视眼镜。

(5) 不得化浓妆。

(6) 着深颜色衣服，单位有制服的应当着制服。

第三十八条　特殊原因无法到发证机关采集照片的，可以自行提供本人近期的电子格式照片，照片应当符合本规定第三十七条规定的标准。

三、使用和查验

1. 一般规定

第三十九条　机场公安机关、安检护卫部门的执勤人员行使查验机场控制区通行证的职能。

未经机场公安分局授权，任何单位和个人不得扩大或缩小通行证使用范围和通行区域，不得扣留通行证。

第四十条　负责检查、验证的执勤人员要坚守岗位，严格把关，严禁无证人员或持无效证件人员进入机场控制区。发现无效证件或违规行为的，查验单位的执勤人员可以先行扣留其证件并交发证机关处理。

第四十一条　通行证不属于免检证明，持证人员进入控制区时应主动接受安全检查。持证人进出控制区及身处控制区内时须在外衣胸前明显处佩戴通行证，并自觉服从执勤人员查验。

第四十二条　下列通行证属于无效证件：

(1) 超过有效期限或超出授权通行区域使用的通行证；

(2) 伪造、变造的通行证；

(3) 被冒用的通行证；

(4) 通行证损坏、磨损或有附加装饰物，无法辨识的；

(5) 已被通报注销的通行证。

2. 引领

第四十三条　引领，是指引导、带领持不具有单独进入控制区资格通行证的人员进入控制区的一种资格。

第四十四条　持有长期通行证的人员具有单独进入控制区资格，加注引领标志的长期通行证同时具有引领资格。

只有连续持有长期通行证一年以上，且无不良记录的人员方有资格申请加注引领标志。

第四十五条　持有短期通行证的人员不具有引领资格。符合本规定第七条第一款第（1）（2）项规定的人员可以单独进入控制区，其他情况办理的短期通行证不具有单独进入控制区资格。

第四十六条　临时通行证不具有单独进入控制区和引领资格。

第四十七条　持不具有单独进入控制区资格通行证的人员进入控制区，必须由持具有引领资格长期通行证的人员引领陪同。引领人即为安全责任人，应当对被引领人在控制区内的行为及安全负责。被引领人进入控制区后，引领人应当全程引领陪同，并时刻保证被引领人在其视线和可控范围内。

被引领人应当遵守《某国际机场控制区通行证管理规定》和其他有关控制区的管理规定，并服从执勤人员和引领人的管理。

引领人应当履行以下职责：

（1）统一保管通行证，进入机场控制区时向被引领人发放通行证，离开机场控制区时即收回。

（2）妥善保管通行证，严禁出租、转借，严防丢失、毁损。发现通行证丢失、毁损，应按规定程序立即报告。

（3）进入控制区后，必须全程引领陪同，并确保被引领人时刻在其视线及可控范围内。

（4）发现被引领人有违法、违规行为的，应当立即制止，并报机场公安机关处理。

3．通行证丢失的处理

第四十八条　通行证持有人应当妥善保管自己的证件，严防丢失；

第四十九条　在机场控制区范围以外丢失通行证的，持证人应当：

（1）向当地公安机关报失，并开具报警回执；

（2）向所属单位保荐机构报告。

第五十条　在机场控制区范围内丢失通行证的，持证人应当：

（1）就近向公安执勤民警或安检护卫人员报失；

（2）立即向所属单位保荐机构报告；

（3）留在控制区等候保荐机构派人到场陪同离开控制区。

第五十一条　保荐机构应当及时将通行证丢失情况书面向发证机关挂失，发证机关应当对丢失的通行证及时予以注销。

第五十二条　发证机关应当将通行证注销情况进行书面通报，通行证查验人员如在工作中发现有人使用被通报注销的通行证应当立即予以查扣，并移交机场公安机关处理。

第五十三条　丢失的通行证找回需要重新启用的，应当由保荐机构提出申请，发证机关审核无误后发出重新启用该通行证的书面通报。已补发通行证的应当同时交回补发的证件。

第五十四条　丢失长期通行证的，取消办证资格三个月。确需进入控制区工作的，可以补发三个月有效期限的短期通行证。

丢失短期通行证的，取消办证资格一个月以上三个月以下。确需进入控制区工作的，可以补发一个月以上三个月以下有效期限的短期通行证。

在一个换证周期内第二次丢失通行证的，取消办证资格三个月。

第五十五条　通行证丢失后的补领和换领申请由保荐机构提交。

申请补领或换领通行证需提交以下材料：

（1）保荐机构提交的书面申请；

（2）当事人书写的丢失经过、补领申请；

（3）当事人所属单位的书面处理意见。

申请换领通行证的，领取新证时应当同时交回已补发的通行证。

4. 回收与注销

第五十六条　保荐机构应当建立有效的控制区通行证回收制度，确保不再需要使用的通行证能够及时回收。

第五十七条　持证人因工作变动、离退休、离职、辞退或通行证有效期满等原因，不再需要使用通行证的，保荐机构在办理相关手续时应同时收回通行证，并于十日内送交发证机关注销。

第五十八条　保荐机构对回收的通行证应当逐一登记，送发证机关注销时应当提供回收通行证的汇总表，列明通行证编号、姓名以及数量等事项。

发证机关对保荐机构回收缴交的通行证应当对照汇总表逐一进行核对，并对回收缴交的通行证进行登记。回收的通行证应当及时予以注销。

四、责任

第五十九条　对违反通行证管理的处理方式包括：收回通行证、取消办证资格。

第六十条　取消办证资格的期限最短为七日，最长为五年。

第六十一条　违反通行证管理的单位和人员，由机场公安机关实施处理。

保荐机构可以对本单位违反通行证管理的人员进行处理，作出收回通行证、取消办证资格处理的，应当及时报发证机关备案。

第六十二条　有下列行为之一的，收回通行证，取消办证资格六个月以上十二个月以下，并进行通报批评：

（1）出租、转借通行证或冒用他人通行证的；

（2）提供虚假证明材料骗领通行证或在申办过程中弄虚作假的；

（3）使用伪造或变造通行证的；

（4）不服从执勤人员查验证件或进入控制区不接受安全检查的；

（5）利用通行证便利捎带物品进入控制区，逃避安全检查的。

行为人五年内发生二次以上前款所列行为的，收回通行证，取消办证资格五年，并进行通报批评。

第六十三条　不按规定佩戴通行证的，收回通行证，取消办证资格七日以上十五日以下，可以同时进行通报批评。

第六十四条　超出通行证有效期限或授权通行区域使用通行证的，收回通行证，取消办证资格三个月以上六个月以下，并进行通报批评。

行为人一年内发生二次以上前款行为的，收回通行证，取消办证资格一年以上二年以下，并进行通报批评。

第六十五条　持证人通行证丢失后未按规定程序处理的，取消办证资格七日以上十五日以下，可以同时进行通报批评；因持证人未按规定程序及时报失、报告而产生危害的，取消办证资格三个月以上六个月以下，并进行通报批评。

第六十六条　引领人不按规定履行职责的，收回通行证，取消办证资格一个月以上三个月以下，并进行通报批评。引领人未按规定履行引领陪同职责的，可以一并收回被引领人通行证，并带离控制区。

第六十七条　被引领人不遵守规定或不服从管理的，收回通行证并带离控制区。

第六十八条　负责通行证查验的执勤人员不履行职责的，收回通行证，取消办证资格一个月以上三个月以下，并进行通报批评；因不认真履行职责，导致无证人员或持无效证件人员进入控制区的，收回通行证，取消办证资格三个月以上六个月以下，并进行通报批评；明知是无证人员或无效证件而故意放行的，收回通行证，取消办证资格六个月以上十二个月以下，并进行通报批评。

第六十九条　保荐机构不按规定履行职责的，处取消该保荐机构办证资格一个月以上六个月以下，可以并处通报批评。由于被取消办证资格而产生的一切后果由该保荐机构负责。

第七十条　违反控制区通行证管理情节严重，构成违法、犯罪的，依法追究其法律责任。

五、区域代码及附加功能

1. 区域代码

第七十一条　区域代码使用 A、B、C、D、E、F、G 七个英文大写字母表示。用 X（X 表示七个区域代码）表示其代表的全部区域，通过加注数字下标 X_Y（Y 表示数字下标 1 或 2）对该代码表示的区域进行部分限定。

第七十二条　区域代码 A 表示航空器活动区和行李分拣装卸区。

区域代码A_1只表示航空器活动区，包括机动区、停机坪和服务道；

区域代码A_2只表示行李分拣装卸区。行李分拣装卸区包括国内出港行李分拣装卸区和国际出港行李分拣装卸区。国内出港行李分拣装卸区南面以候机楼与停机坪之间的墙体为界，北面、东面以该区外围地面黄实线为界，西面以国内摆渡车西通道东侧路沿为界；国际出港行李分拣装卸区南面以候机楼与停机坪之间的墙体为界，北面、西面以该区外围地面黄实线为界，东面以要客东通道西侧路沿为界。

第七十三条　区域代码 B 表示国内候机隔离区。

区域代码B_1只表示候机楼国内出港旅客安检至登机桥（口）之间的区域；

区域代码B_2只表示国内登机通道、摆渡车等。

第七十四条　区域代码 C 表示国际候机隔离区。

区域代码C_1只表示候机楼内国际出港旅客安检至登机桥（口）之间的区域；

区域代码C_2只表示国际登机通道、摆渡车等。

第七十五条　区域代码 D 表示候机楼到达行李领取区和国际联检区，包括国内、国际到达行李领取区和国际出发、到达联检区。

区域代码D_1只表示候机楼国内到达行李领取区；

区域代码D_2只表示候机楼国际到达行李领取区和国际出发、到达联检区。

第七十六条　区域代码 E 表示执行航班任务的航空器。

区域代码E_1只表示航空器客舱；

区域代码E_2只表示航空器货舱。

第七十七条　区域代码 F 表示货物存放区。

区域代码F_1只表示航空港货站货物存放区；

区域代码F_2只表示某航货站货物存放区。

第七十八条　区域代码 G 表示航空器维修区。

区域代码G_1只表示某航空公司航空器维修区，从某航空公司航空器维修区进控制区安检口到该维修区机库通往机坪的大门之间的区域；

区域代码G_2只表示某飞机工程有限公司航空器维修区，该区域东面、西面、南面以某飞机工程有限公司的围墙为界，北面以该维修区通往机坪的安检通道门为界。

2. 附加功能

第七十九条　附加功能包括机坪驾驶、引领陪同和专机保障三项，分别使用红色字体的大写英文字母表示。

第八十条　机坪驾驶使用红色大写英文字母 A 表示。

申请机坪驾驶功能必须通过机场交警大队组织的培训考核，发证机关依据机场交警大队出具的考试合格证明和保荐机构的申请函加注机坪驾驶功能。初次申请通行证或在航空器活动区内工作不满一个月的人员不得申请机坪驾驶功能。因工作确需加注机坪驾驶功能的，须由有机坪驾驶资格一个月以上的人员引领。违反内场交通管理或其他违反规定的情况需撤销机坪驾驶功能的，由发证机关依据机场交警大队或保荐机构出具的书面通知函进行。

第八十一条　引领陪同使用红色大写英文字母 Y 表示。

第八十二条　专机保障使用红色大写英文字母 Z 表示。

专机是指执行警卫任务的专机，不含商务包机等情况。专机保障人员必须持有民航主管部门签署的本专业有效的技术执业资格，且至少在本岗位连续工作六个月以上。

六、附则

第八十三条　本规定所称“以上”“以下”“内”皆包括本数。

第八十四条　本规定所称“证”“证件”皆指机场控制区通行证。

第八十五条　本规定涉及的表格、表单式样，由机场公安分局统一制定。

第八十六条　本规定自发布之日起执行，原有规定与本规定不符的，以本规定为准。机场公安分局公布的其他有关通行证的管理规定有特别规定的，按照特别规定处理。没有特别规定的，按照本规定处理。

附件：相关要求

1. 航空器活动区虽然包括跑道、滑行道、联络道以及周边区域，但进入该区域应当取得特别许可和授权。

2. 申办通行证必须以单位名义进行，不得以本单位的名义为非本单位人员申办通行证。与本单位签订建设、租赁、委托经营等合同的单位应当出具双方签订的合同以及安全责任书或担保函。各单位要严格控制办证人数和通行区域，特别是非一线工作人员，凡工作上不需要进入控制区的，一律停止发放通行证。

3. 在某机场未开通国际、港澳航班的国内航空公司和未开通国内航班的国外、港澳航空公司的工作人员一般不办理C或B区（通行证）。确因工作需要需进入上述区域的，应详细说明理由。

4. D区定义为一般保安区，参照控制区进行管理，实行人员出入限制。

出入D区人员的限制为：

（1）持有机场控制区D区通行证的人员。

（2）联检单位人员因公需要带领外部人员进入国际联检区的，联检单位人员需佩戴通行证，所带人员身份由联检人员确认。

（3）联检单位因设备设施施工抢修，需带维修人员进入国际联检区的，由联检单位人员协助施工维修人员到分局空防警保大队办理通行证。

（4）需进入联检区到联检单位办理物品扣押等事宜的旅客，须出具联检单位开具的处理通知单等凭证和相应的身份证件。

（5）需进入D区到行李查询办公室办理行李提取、丢失、破损等事宜的人员，须持行李查询单位开具的行李处理凭证或其他有效证明（如登机牌、行李牌），由机场或民航工作人员带领方可进入；相关事宜办理完毕后，由机场工作人员带出。

（6）分局民警因工作需要带领外部人员需进入D区辨识监控录像等办案取证的情况，民警需佩戴通行证，外部人员身份由分局民警确认。

（7）政府有关单位需进入D区暗访、调研等情况，由于人数多、时间紧无法办证的，出入D区由候机楼派出所民警负责带领。

除持有D区通行证的情况外，其他六种情况有无证人员进入D区的，安护人员应当进行登记后放行。

5. E区与单位名称和徽标结合确定限登的航空器客货舱。某航空港集团公司工作人员限登与其有代理业务关系的航空公司的航空器客货舱。某航空公司以及其他航空公司驻某机构工作人员限登本公司或与其公司有联运、代理等业务关系航空公司的航空器客货舱。

6. 非某航空港集团或某航空公司工作人员申请F区通行证需经相应的保荐机构同意。

持有G区通行区域的人员可进入航空器维修区，包括某航空公司航空器维修区（G_1）和某飞机工程有限公司的航空器维修区（G_2）；单独进入某飞机工程有限公司的航空器维修区（G_2）的通行证，由机场公安分局授权某飞机工程有限公司按照控制区通行证管理规定的要求制作。

第二节　机场货站管理制度

一、办公楼、营业厅、库区卫生管理制度

为了加强办公楼、营业厅、库区的使用和管理，确保人员和财产安全，规范内部运行，结合使用情况制定本规定。

图 9－9　白云机场货站

（一）明确责任划分

1. 办公楼

办公楼卫生管理由综合管理室负责统筹管理。办公楼各办公室内部办公区域的卫生保洁由所在部门负责；公共区域、领导办公室的卫生保洁由办公室安排专人负责。

2. 营业厅

（1）进港营业厅内的卫生由进港工作人员负责，由进港主管明确职责和分工，每天在营业前打扫好进港室内及营业厅卫生。

（2）市场部营业厅。

3. 库区

库区分为进港库区和出港库区，进、出港库区的卫生由库区工作人员负责。

（二）卫生要求

（1）各部门的垃圾每天下午下班前集中放置在各指定位置，由保洁人员定时统一清理。

（2）工作场所内的办公用品和设备要放置有序，保持整洁，无灰尘、无水渍污垢、无蝇无蚊、无锈迹；桌椅、沙发、茶几、盆架、痰盂、衣架、文件橱等摆放合理、放置规范；废弃物应投放到垃圾桶内，保持地面清洁；不得从楼上抛丢垃圾、杂物。

（3）玻璃门窗须明亮干净，不得有灰尘、斑迹、污垢、水渍。

（4）未经综合管理室同意，不得在室内墙壁擅自张贴字画，不得在墙壁、门窗或电梯内张贴广告，不得在大楼地面上锤砸有损地面的物品。

（5）办公区域的盆景绿化摆放由综合管理室委托相关单位负责，日常管理由委托单位负责，其他人不得将其移动别处。

（6）不得在办公室内喝酒、大闹；不得在办公室从事打牌、下棋等活动；要注意保持办公室内安静。

（7）不得在禁烟区域吸烟，吸烟请到吸烟室。

（三）自觉维护公共卫生

（1）所有人员要自觉维护工作场所的卫生，不得乱丢烟头、纸屑，严禁随地吐痰。尽量不要将茶水、咖啡、汤水等滴落在大理石表面，如不慎洒落，应及时清理干净。

（2）禁止在走廊、通道等公共区域堆放杂物。

（3）如要在公共场所、通道等处挂放指示牌、广告牌，需征得办公室同意。

（4）不得在公共场所内大声喧哗、吵闹。

（四）检查与考核

（1）主管单位对办公楼、营业厅和库区的卫生工作实行每日例行检查与周末卫生大检查相结合，检查结果定期予以公布。

（2）每周根据检查情况排出名次，第一名挂流动红旗，最后一名通报批评。连续两次列最后一名，或累计最后一名四次以上的，年终取消先进评选资格。

二、水电管理

（1）要树立安全用电意识，不得乱拉乱接电线；确因工作需要单独安装、使用大功率电器的，事先必须向货站综合管理室申报，根据负荷承受情况确定是否可以安装使用，未经同意禁止安装。

（2）货站水电的日常维修和检查。

（3）全体干部职工要爱护水电设备，坚持节约用电、用水的原则，外出时要养成随手关灯、关水、关闭电脑等一切水电设备的良好习惯，做到"节约用电，人走灯灭；节约用水，关注点滴"，严禁出现"长流水""长明灯"现象，如若发生此类现象，给予批评、罚款、扣工资。

（4）负责水电管理单位须对区域内水电设施设备巡视检查，及时发现和修复水电故障。做好检查记录。各部门发现水电故障应及时向负责单位报修，任何部门和个人不得擅自对水电管线进行维修改造；严禁乱拉乱接水管和电线。

（5）各楼层最后一名离开办公室的员工，应将本楼层所有走道等公共区域电灯关闭。

（6）严格控制空调温度，夏季办公场所在32℃以下不开空调。办公室夏季空调温度设置不低于26℃，冬季不高于于20℃。非生产性用电、大功率电器尽量避开用电高峰时段。

三、会议室管理

（1）会议室由综合管理室统筹协调安排使用，并负责卫生清洁、植物更换、设备设施维护保养等各项日常管理工作。

（2）各部门如需要使用会议室，需填写《会议室使用申请单》并提前一天提交综合管理室批准，以便统一安排使用；临时召开会议需要使用会议室时，要及时向综合管理室提出申请并登记使用情况。

（3）各部门申请使用会议室时，需明确使用时间、参加人员等，如有需要综合管理室协办的事项，请提前注明，并根据会议情况调整相关设备，保证会议的正常进行。

（4）会议室安排遵循“先申请先使用”原则，出现使用冲突时，部门间应本着重要、紧急优先使用的原则协调使用。

（5）开会期间，爱护会议室的设备及物品，未经允许或授权，不得擅自移动室内设施，随意开关和调试电子设备。

（6）与会人员应自觉维护会议室环境卫生，禁止随意乱丢纸屑、垃圾，严禁在桌、椅、墙上刻、画、涂、写。

（7）会议结束后，使用部门及时清理会场，带走会议材料，并及时通知管理部门检查会场，由管理部门关好门窗、空调、灯光等设备，及时做好清理打扫工作，确保下一次会议正常使用。

四、电梯管理

（1）电梯使用单位应严格依照《特种设备安全监察条例》对电梯进行定期检修、保养，确保电梯安全运行。

（2）乘梯时应相互礼让，不得在电梯内打闹，蹦跳或进行其他危害电梯安全运行的行为。

（3）应正确使用电梯内外各按键，请勿乱按。

（4）电梯门在打开状态时请勿使用外力及物品强行阻止电梯门关闭；电梯运行中不得用手或其他物件强扒电梯门，以免发生停梯事故；在开、关门之际，乘客不得触摸或紧靠轿门，以防夹伤。

（5）请勿在电梯内吸烟、吐痰或从事其他不文明行为，不准携带易燃易爆及腐蚀性物品乘坐电梯。

（6）使用电梯时应保持电梯内、层门口卫生清洁，特别注意有无杂物，如有杂物应及时清除，以免影响电梯门正常开启；不得在电梯内张贴广告、壁画等。

（7）学龄前儿童及其他无民事行为能力人员搭乘无人值守电梯的，应有成年人陪同。

(8) 电梯运行中发生任何意外，应利用电梯内警铃和通讯装置与电梯维修、管理人员联系，等待救援，切勿扒门脱离，以免发生危险。

(9) 本梯为载客电梯，严禁载货。

五、停车位使用管理规定（保卫分部）

(1) 单位车辆、外来车辆、租赁用户车辆、摩托电动车停放区域划分（略）。

(2) 所有固定停放车辆需统一制作出入证，进出停车场需出示出入证；外部车辆进入时需自觉出示行驶证，由管理人员履行登记手续后方可驶入。

(3) 各类车辆需按划定区域停放，不得擅自更改位置，异位停放，自觉维护场内秩序。

(4) 停放车辆后，必须锁好门、窗，凡现金、重要文件、贵重物品及车内物品请自我妥善保管。

(5) 易燃、易爆、剧毒及各种腐蚀性危险物品严禁带入停车场内。

(6) 不准在人行道、车行道、消防通道上停放车辆；不准碾压绿化土地；不准损坏路牌和各类标识；不准损坏路面及公用设施。

(7) 车辆带货驶离时，必须有相应证明，经出具后方可放行。

六、安全管理

此部分最好由保卫分部专门发布一个货站安全管理规定，明确区分货站与保卫分部的职责。包括货站消防、防盗、门窗检查等各类安全管理。

(1) 各位员工都有维护货站消防安全、保护消防设施、预防火灾、报告火警的义务。

(2) 各位员工要认真学习消防法律法规和防火灭火知识、技能，积极参加单位组织的消防安全教育和培训，积极参加消防安全的各项活动。

(3) 各位员工都要熟悉所在工作场所的消防设施位置、疏散通道和安全出口，一旦发生火灾事故，在立即报警的同时要组织、引导在场人员疏散。

(4) 各位员工都要保障消防通道和安全出口畅通。

(5) 货站消防管理员定期对货站内消防器材、电气设备进行检查和维修保养，发现隐患应及时维修和更换，确保器材处于良好状态；消防器材未经批准不得随意移动。

(6) 办公楼、营业厅等场所严禁使用用电负荷大的电器；人员、物资集中处为消防安全重点部位，应设置明显防火标志，确定消防安全责任人，标明配置的消防设施，实现专人负责，严格管理。

(7) 货站内严禁使用液化石油气，严禁存放汽油、酒精等易燃易爆化学物品；贮存易燃易爆物品的场所必须符合国家消防技术规范，并按照性质分类、分开储存，设置明显标志，注明品名、危险特性、防火措施和灭火方法，配备相应的灭火器材。

(8) 严禁在办公楼、营业厅、货场禁烟区吸烟。

(9) 必须保持消防通道、安全出口畅通，严禁以任何理由堵塞、占用消防通道，锁闭安全出口。

(10) 站内各处监控摄像装置 24 小时开机，对监控装置需加强保护，防止不良分子盗窃和破坏，确保财务及人身安全。

(11) 人员进出货站须主动出示证件，无相关证件者禁止入内；非本公司员工，无约定和无公司内部员工带领的，未征得相关到访部门人员核实，不得进入货站。

(12) 各位员工出门办事或下班后离开办公室前应关好门窗，关闭电灯、空调、电脑、饮水机等电器，并锁好办公室；个人的现金、存折、有价证券、现金支票、首饰等贵重物品和业务活动中收回的现金、有价票证等，不得放在办公室内。

(13) 值班人员应及时检查货站安全情况，加强巡查工作，并做好相关记录，发现问题要及时解决。

第三节 国内航空值机配载工作程序及标准

一、国内航空值机配载工作流程

国内航空值机配载工作流程见表 9－1：

表 9－1 国内航空值机配载工作流程

序号	步骤	责任单位或责任岗位	工作内容及要求
01	上岗	值机配载员	1. 值机员在第一个航班开始办理乘机手续 10 分钟前到达工作岗位。 2. 掌握工作交接的有关内容，了解待办事宜。 3. 根据值班主任的安排，办理出发航班乘机手续。
02	上岗准备	值机配载员	1. 了解所办航班号以及该航班有无不正常情况，了解本人所办航班的排班情况及做好旅客名单报。 2. 了解当日进出港航班的具体信息，查找所办航班的机号、停靠机位，掌握不正常航班的原因、预飞时间等。 3. 了解所办航班的机型、人数等。如果是联程航班，应准确了解各航段的座位配额。根据电报掌握过站航班的过站人数及座位情况。 4. 掌握重要旅客所乘航空器的航班号，旅客姓名、职务、人数，同时预留好座位，备好重要旅客（VIP）的行李标志牌。 5. 查看交班记录，了解所办理航班有无特殊情况，如有无须特殊服务的旅客等。 6. 根据航空器的座位布局和电脑销售人数做好旅客座位的安排工作，按照航班人数和航空器座位布局准备好适量的登机牌，测试打印机打印登机牌是否正确清晰，仔细清点登机牌张数，辨识颜色，时间相近、目的地相同的两个或两个以上航班要注意区分颜色。 7. 根据旅客人数领取相应数量的行李牌、免除责任行李牌及 VIP 牌。

续表9－1

序号	步骤	责任单位或责任岗位	工作内容及要求
02	上岗准备	值机配载员	8. 检查对讲机、柜台电子秤是否完好，做好值机柜台清洁卫生工作。核对航班显示牌的信息是否正确，以便旅客办理乘机手续。 9. 带上登机牌、行李牌、装卸机单等业务用品，做好办理乘机手续的准备。 10. 值机员根据不同机型，按规定时间开办手续： 200 座以上航班在航空器离站前 120 分钟开办； 90～200 座航班，在航空器离站前 90 分钟开办； 90 座以下航班，在航空器离站前 60 分钟开办。 11. 在航班不正常情况下，应及时发送航班动态信息。
03	验证验票	值机配载员	1. 值机员按时开放柜台，佩戴好工作牌，用“十字”文明用语，做到“请”字当头，工作热情、主动，回答顾客问询，要准确清楚，禁止使用“不清楚，不知道”字语。按规定接受旅客出示的客票及有效身份证件，迅速、准确地办理乘机手续。 2. 认真核对旅客出示的有效身份证件是否与电子客票上旅客姓名一致，检查证件有效期，如不符要求请旅客到机场派出所办理临时乘机证明手续。客票不得转让或涂改，否则不予办理。 3. 核对电子客票上的航程、航班号、乘机日期、票价、出票日期各栏是否正确，是否 OK 机票，国际客票应查验是否与该航班所属航空公司有结算关系的联程客票，对于有疑问之处，及时作出适当处理。 4. 团体旅客 A. 国内团体旅客根据一人一票的原则将其有效身份证件逐一认真核对。 B. 境外团体旅客根据护照、团体签证或有效证件逐一核对。 C. 检查询问实到旅客人数，人数有变化时应及时进行处理。

续表9－1

序号	步骤	责任单位或责任岗位	工作内容及要求
04	收运行李	值机配载员	1. 提醒旅客根据规定，超大超重超件行李必须托运，手提行李：F舱和C舱2件/人，Y舱1件/人，每件体积不超过20×40×55cm，总重量以5公斤为限。 A. 行李包装：检查旅客托运的行李包装是否符合要求，托运行李必须上锁或捆扎结实，不符合要求的应重新包装、捆扎。对免除责任行李，确定免除责任项目，并请旅客签字，拴挂免除责任行李牌。 B. 逾重行李：超过规定免费限额的行李必须收取逾重行李费，在旅客机票上注明超重量，请旅客缴费。 C. 按规定，旅客携带的录像机、小电视机、机器零件等，如包装、重量、体积符合规定，可以作为随机货托运并按逾重行李运价收费。 D. 收运行李：请旅客将托运行李放到电子秤上过秤，重量要准确。收运行李差错率不超过万分之一。 2. 拴挂四联行李牌。 A. 托运行李联：将最长的行李联整齐地贴在旅客的托运行李上，封口要粘牢。 B. 提取行李联：将较长的行李提取联整齐地贴在行李牌背面。 C. 行李牌一联：将行李牌一联依次贴在行李统计纸上，便于查找。 D. 行李牌二联：将行李牌的另一小联与托运行李联一同粘贴在旅客的托运行李上。 为重要旅客优先办理VIP（重要旅客）行李收运手续，检查行李是否完好后，在行李上拴挂VIP行李标志牌，并拴挂或粘贴“小心轻放”标贴，与行李监装人员交接签收。

续表9－1

序号	步骤	责任单位 或责任岗位	工作内容及要求
05	发放 登机牌	值机配载员	1. 行李收运完毕后，为旅客办理值机手续并发放登机牌。如为纸质客票，应正确撕下乘机联，并在出发登记表上做相应记录，在乘机联上登记相应的序号，在登机牌清点牌上注明相应序号，字迹清楚，以方便检查。 2. 座位安排应符合航空器载重平衡的要求，应尽可能满足旅客的要求，如靠窗口、靠走廊等。具体安排原则如下： A. 团体旅客：安排在同一区域。 B. 同行旅客：尽可能安排在相邻座位。 C. 带婴儿旅客：安排在能放婴儿摇篮的座位或较宽敞座位。 D. 病人及陪送人员：安排在一起。 E. VIP旅客：安排在较前排舒适的座位或按旅客要求安排，在登机牌上注明VIP字样，并及时通知候机室。 F. 无人陪伴儿童：安排在便于乘务员照料的座位。（非紧急出口） G. 轮椅旅客及盲人：安排在便于乘务员照料，方便旅客行动的非紧急出口座位。 H. 担架旅客：根据实际情况安排在靠近客舱门或客舱后排，非紧急出口处，并亲自落实座椅拆除情况。 I. 所有儿童、老人都不能安排在靠紧急出口处的座位。 J. 孕妇应安排在便于乘务员照顾的较宽敞座位。 K. 运送犯人时，应将犯人和监送人员安排得与其他旅客远一些，并注意不要安排在紧急出口处的座位。 L. 安排紧急出口座位前必须征得旅客同意，并向旅客解释说明占用紧急出口座位的职责。

续表9－1

序号	步骤	责任单位或责任岗位	工作内容及要求
06	结算报载及送航班	值机配载员	1. 航班起飞前30分钟截止办理乘机手续。 2. 当所办旅客人数与电脑售票人数相差10人以上时，应及时进行电脑查核。如系团体未到，应及时报告值机主任；如系订座有误，也应及时报告，进行妥善处理。 3. 将所发登机牌与剩余登机牌、所发行李牌与剩余行李牌同出发旅客登记表进行复核。 A. 清点乘机联：准确清点乘机联张数和人数。 B. 统计人数：核对值机系统中所办航班数与托运行李情况。 C. 清点登机牌：准确清点已发登机牌和剩余登机牌相加是否与原数相符。 D. 统计行李件数、重量，要求迅速准确。 4. 离站前30分钟，如团体、VIP旅客未到，应立即通知公司值班领导。 5. 将剩余座位通知补票柜台，并应问清候补人数及托运行李情况，按先后顺序接收候补旅客。晚到旅客视同候补旅客，不享有优先权。如航班已满座，做误机处理。 6. 将航班号、目的地、结载旅客人数、行李件数和重量报告配载员并注明VIP旅客、F/C舱旅客以及担架旅客的情况以及座位安排情况。 7. 进行三复核的同时，在柜台等候候补旅客。为保证航班正点，起飞前20分钟停办一切乘机手续，值机员应指示及通知候机室引导晚到及候补旅客通过安检。 8. 航班结载后，值机员应将行李件数、重量填入装机单，一式三份，与装卸人员交接。 9. 当本次航班出现上机人数不准时，应及时协助旅客服务室进行处理，具体处理方法参考相应处理程序规范。 10. 航班结载后收运的行李，应作为迟运行李拴挂免除责任行李牌，并向旅客说明拴挂免责牌原因。 11. 当持有本次航班客票的旅客在航班起飞前30分钟至20分钟内到达机场，在座位未处理情况下，应立即增加该旅客，并将人数及行李件数重量登记在出发登记表上，立即通知站调（或签派）、配载员、候机室、装卸人员增加载量的情况。如座位已处理，便在机票上注明旅客晚到时间并签名，引导旅客到售票窗口改签或出具退票证明。

续表9-1

序号	步骤	责任单位或责任岗位	工作内容及要求
06	结算报载及送航班	值机配载员	12. 将所办航班载量准确填写在航班动态载量记录本上。
06	结算报载及送航班	值机配载员	13. 办完乘机手续后，应及时关闭电子秤，将剩余登机牌记录、剩余行李牌收回并搞好柜台卫生工作。 14. 班机起飞后，值机员应立即将客票乘机联、逾重行李票承运人联与旅客名单表上统计的乘机人数等核对无误后，按规定填制国内航班收入统计表一式两份。 15. 整理维持好值机配载室内的卫生，工作用品应摆放整齐。 16. 在所办航班起飞后15分钟方可下岗，并对起飞航班进行关闭处理。
07	次日的准备工作	值机配载员	1. 根据电脑查询次日航班销售人数，并在值班本上写好交班事宜。 2. 抄写次日航班预报。
08	收尾工作	值机配载员	1. 将当日办理乘机手续的旅客人数、行李件数和重量填写在飞行动态记录本和个人工作量统计表上。 2. 清理现场，关闭所有设备、设施。将对讲机电池充电。 3. 关门、关灯，最后一架航空器起飞后可离开工作岗位。

图9-10　值机

图 9－11　配载员

二、各部门职责

市场业务部负责根据现场生产的实际情况，及时修订办理国内航班乘机手续的工作程序。

国内客运部负责根据国内航班值机工作程序及标准实施操作，国内客运部值班领导负责及时指导、监督本单位生产人员的操作，保证现场生产的正常进行。

质量安全管理部现场运行检查员负责根据国内航班值机工作程序及标准监督检查国内客运部各生产人员按章操作的情况。

第四节　客舱清洁管理规定

一、航前清洁程序

1. 清洁人员提前统一乘坐清洁队摆渡车进场。

2. 清洁人员必须在机务人员或安全监护同意后方可进入客舱。

3. 进入客舱后，清洁组长根据前一日航后工作的遗留问题和注意事项安排清洁人员进行清洁。

4. 清洁人员按照航前清洁标准进行清洁。

5. 清洁结束后，清洁组长及时通知当班乘务。

6. 乘务按照航前清洁标准检查清洁质量。

（1）如检查结果合格，乘务长在《客舱清洁验收单》直接签字。

（2）在正常情况下，如检查结果不合格，应当场要求清洁人员对不合格的部位进行返工，直至返工结果符合标准要求，乘务长方可在《客舱清洁验收单》签字。

（3）因客舱清洁质量较差，屡次整改仍不合格，为保障航班正常起飞，根据当时的保障时间要求，乘务长可在《客舱清洁验收单》上签字，并填写“不合格”字样。

（4）客舱清洁小组持乘务长签字的《客舱清洁验收单》下机。

7. 按照客舱清洁标准进行航前清洁必须在旅客接到通知登机前10分钟完成。

8. 已填写“不合格”字样的《客舱清洁验收单》，如单上所填的清洁单位为清洁队，则清洁队必须进行整改和做相应的处理，财务规划部在进行地面服务费用结算时，对每张有此字样的《客舱清洁验收单》涉及费用予以拒付。

9. 当班乘务长在两个工作日内将航前、过站清洁不合格的单位和执行情况通报客舱与地面服务部，可采取电话、乘务日志、电子邮件方式并进行后续处理。

二、过站清洁程序

1. 清洁人员携带必要的清洁工具于飞机落地15分钟前到停机位候机。

2. 清洁员在廊桥旋梯（客梯车）旁列队，等旅客下完后，方可进入机舱进行清洁工作。

3. 根据过站客舱清洁标准进行清洁。

4. 清洁结束后，清洁队通知当班乘务进行检查。

5. 乘务依照过站客舱清洁标准检查清洁质量。

（1）卫生检查合格，由乘务长在《客舱清洁验收单》上签字确认。

（2）如检查不合格，在正常情况下，当场要求清洁人员对不合格的部位进行返工，直到乘务长签收合格为止。

(3) 因客舱清洁质量较差，屡次整改仍不合格，为保障航班正常起飞，根据当时的保障时间要求，乘务长可在《客舱清洁验收单》上签字，并填写“不合格”字样。

6. 客舱清洁小组持乘务长签字的《客舱清洁验收单》下机。

7. 已填写“不合格”字样的《客舱清洁验收单》，如单上所填的清洁单位为清洁队，则清洁队必须进行整改和做相应的处理，财务规划部在进行地面服务费用结算时，对每张有此字样的《客舱清洁验收单》涉及费用予以拒付。

8. 当班乘务长在两个工作日内将航前、过站清洁不合格的单位和执行情况通报客舱与地面服务部，可采取电话、乘务日志、电子邮件方式并进行后续处理。

9. 过站清洁时间在规定的各机型过站清洁标准时间内完成。

(1) 波音 737 航班在旅客下完飞机后 8 分钟内按要求完成客舱的清洁和保洁物品配备。

(2) MA60 航班在旅客下完飞机后 5 分钟内按要求完成客舱的清洁和保洁物品配备。

三、航后清洁程序

1. 在旅客下机后，清洁单位安排清洁人员前往飞机客舱进行清洁。

2. 清洁人员必须在机务人员或安全监护同意后方可进入客舱。

3. 根据航后客舱清洁标准进行清洁。

4. 客舱清洁完成后，清洁组长通报当班机务。

5. 机务按照航后客舱清洁标准进行检查、验收。

(1) 卫生检查合格，由机务在《客舱清洁验收单》上签字确认。

(2) 如检查不合格，当场要求清洁人员对不合格的部位进行返工，直到验收合格并签字为止。

6. 所有航后清洁做完后，现场清洁人员整理好自己的用品、用具，持当班机务签字的《客舱清洁验收单》下机。

7. 清洁组长对当天所遗留的问题及航班调整做好记录，并与次日航前清洁小组做好交接。

8. 航后清洁时间不做要求，但必须保证按照航后清洁内容和标准严格执行。可参考以下时间：

自清洁人员登机始，MA60 机型：1 小时；B737 机型：1 小时 30 分钟。

9. 当班机务检查人员在两个工作日内将航后清洁不合格的单位和执行情况通报客舱与地面服务部，可采取电话、电子邮件方式并进行后续处理。

四、深度清洁程序

1. 深度清洁分为 A 检（或相当级别的 P 检）清洁、C 检（或相当级别的 P 检）清洁。

2. A 检（或相当级别的 P 检）客舱深度清洁和 C 检（或相当级别的 P 检）客舱深度清洁由维修工程部定检实施单位或委托单位完成。

3. 在飞机定期 A 检（或相当级别 P 检）维护结束后，或在飞机定期 C 检（或相当级别 P 检）维护结束后，机务通知工程部清洁人员进行客舱深度清洁。

4. 清洁人员依据清洁工卡要求内容及标准进行清洁。

5. 清洁结束后，由维修人员逐项检查，对不合格的部位进行返工，直到维修人员验收合格并签署 A 检或 C 检清洁工卡后，方可离开飞机。

五、标准制定

1. 客舱清洁标准包含航前、过站、航后、深度清洁标准。

2. 航前、过站、航后清洁标准由客舱与地面服务部负责制定，并负责在客舱清洁代理业务标准中增加约束性条款，明确清洁质量验收合格后签字，验收单据作为结算代理费用依据。

3. 深度清洁包含 A 检（或相当级别的 P 检）客舱清洁和 C 检（或相当级别的 P 检）客舱清洁，其清洁标准工卡由维修工程部制定。

4. 标准制定信息来源：

（1）旅客投诉；

（2）问卷调查；

（3）其他单位或员工个人反映的问题；

（4）检查及内审中发现的问题；

（5）日常生产保障中存在的问题；

（6）其他航空公司或服务产业优秀经验。

客服部、地面服务部和工程部分别安排人员，定期收集信息，对标准进行修订。

5. 对于已经制定的标准，客服部和维修工程部对各自制定的标准进行发布或发放。

六、客舱清洁人员培训

1. 客舱与地面服务部负责对部门内部从事客舱航前、过站、航后清洁的人员进行培训。

2. 维修工程部负责部门内部深度清洁人员培训。

3. 客舱清洁代理单位人员培训由代理单位负责，在地面代理协议签署前期调查中，地面代理单位考察人员应检查其客舱清洁培训方案和培训记录，作为协议签署依据。

4. 在定期对代理单位的质量审核中，质量审核方案应包括客舱清洁培训方案记录的检查项目，质量审核小组依据质量审核方案对代理单位进行质量审计。

5. 由外委单位代理的深度清洁工作，工程部负责对其培训方案和培训记录进行检查。

七、客舱清洁质量不定期检查

1. 由客舱与地面服务部牵头，成立客舱清洁质量检查小组。小组成员包括客服部服务质量督察人员、地面服务管理人员、维修工程部技术服务中心人员、场站代表、乘务。

2. 检查计划（包含检查单）由检查组制订，检查时间每季度一次。检查范围为航前、过站、航后清洁和深度清洁。检查对象为随机抽取的基地、分基地、外站。

3. 对检查出的问题，要求责任单位在规定的时间内进行整改。检查组对整改内容进行跟踪复核，合格后关闭。

4. 对检查结果进行评审，结合各清洁单位日常表现以及旅客、员工投诉和反映的问题，对各清洁单位进行质量评比。评比结果通报相关单位。

八、客舱清洁意见处理

1. 客舱清洁意见处理流程图：

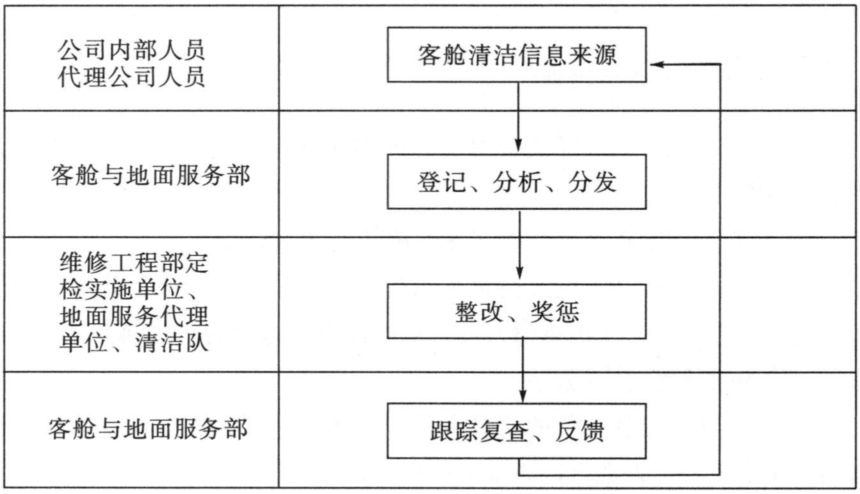

图 9—12　**客舱清洁意见处理流程图**

2. 信息来源：

(1) 客舱与地面服务部乘务、客舱供应人员、质量督察人员、客舱清洁人员反映的问题；

(2) 公司其他部门反映的客舱清洁问题；

(3) 客舱清洁质量检查及内审中发现的问题；

(4) 客舱清洁代理单位人员反映的问题；

(5) 市场部、营业部、场站反映的客舱清洁的问题。

3. 客舱与地面服务部负责客舱清洁质量方面意见后续处理，并设置电话，接收各方意见。

4. 接收到此类信息后，客服部负责登记，并分析其原因，进行调查，确定责任单位，并分发责任单位进行整改。如系深度清洁标准及执行问题，应转发工程部；如系航前、过站、航后清洁标准及代理单位客舱清洁问题，由客服部整改；如系客舱与地面服务部各分部直属清洁队问题，转发各分部整改。

5. 在责任单位整改期间，客服部负责跟踪监督，并及时将有关信息反馈信息来源处。整改完成后，进行检查。

6. 客舱与地面服务部各乘务队进行日常的检查和建议，并反馈信息。

7. 维修工程部生产计划中心（PPC）根据回收的深度清洁工卡信息，每月第一周周二前将上月深度清洁数量、航站、飞机号信息传递至客服部，并提交深度清洁中存在的问题及建议。

8. 客服部各分部清洁队也于每月第一周周二前反馈航前、过站、航后清洁中存在的问题及建议。

九、客舱清洁专题会议制度

1. 为使客舱清洁质量得到有效改进和提高，对出现的问题及时处理，对优秀经验进行总结和推广，客舱与地面服务部于每季度第三个月最后一个星期组织召开客舱清洁专题会议，具体时间另行通知。

2. 参加会议人员为客舱与地面服务部客舱清洁质量负责人员、客服部服务质量督察室人员、乘务员、客舱清洁人员、维修工程部技术服务中心人员。

3. 会议议程：

（1）通报本季度客舱清洁质量投诉及处理情况。

（2）通报本季度客舱清洁检查中发现的航前、过站、航后、深度清洁中存的问题（包含公司内部清洁及代理单位客舱清洁）。

（3）讨论目前客舱清洁中存在问题的解决办法以及下一季度工作思路。

（4）会议上形成工作单，形成会议纪要下发。

十、客舱清洁月报

1.《客舱清洁月报》由客舱与地面服务部负责编制。《客舱清洁月报》包含客舱清洁意见及处理结果、客舱清洁满意度调查及测评结果、客舱清洁检查结果。

2. 客舱与地面服务部负责在每月第一周周五前将上一月《客舱清洁月报》发相关单位阅知或整改。

十一、客舱清洁验收单

表 9-2　客舱清洁验收单

<table>
<tr><td>客舱清洁验收单</td><td colspan="5">注：此单用于客舱航前、航后、过站清洁结束后，进行验收交接单据。其中航前、过站清洁验收由乘务长签字。航后清洁验收由机务签字。验收单据由清洁单位提供，不做统一要求，可参考此单内容。</td></tr>
<tr><td>日　期</td><td></td><td>航班号</td><td></td><td>航　站</td><td></td></tr>
<tr><td rowspan="6">厨房</td><td colspan="5">1. 清洁烤箱门和烤箱外表面的油腻、油污等脏污物。</td></tr>
<tr><td colspan="5">2. 清洁烤箱内部的油腻，尤其是散热风扇及隔栅上的油污。无碎渣，无食物，无油迹。</td></tr>
<tr><td colspan="5">3. 清洁厨房空调口、天花板。表面无污迹，无灰尘。</td></tr>
<tr><td colspan="5">4. 清洁垃圾桶内外表面，倒空桶内垃圾，更换垃圾袋。桶内无异味。</td></tr>
<tr><td colspan="5">5. 清洁储物柜门及其内、外部表面的脏污，清洁储物柜内的杂物，清洁餐车柜隔板表面。表面无痕迹，无灰尘。</td></tr>
<tr><td colspan="5">6. 清洁厨房地板防滑垫。表面无污渍。</td></tr>
<tr><td rowspan="8">洗手间</td><td colspan="5">1. 清洁马桶装饰板、马桶坐垫上下表面及马桶盖。无灰尘，无污垢，无异味。</td></tr>
<tr><td colspan="5">2. 清洁洗手池、洗手池面板以及洗手池上方的装饰板和镜子表面。</td></tr>
<tr><td colspan="5">3. 清洁厕所内壁板、天花板。</td></tr>
<tr><td colspan="5">4. 清洁垃圾箱、垃圾投掷门和垃圾箱门。</td></tr>
<tr><td colspan="5">5. 清洁洗手间门板内外表面和通气隔栅。</td></tr>
<tr><td colspan="5">6. 对厨房和洗手间进行消毒。</td></tr>
<tr><td colspan="5">7. 清扫洗手间地板的脏物，并擦干地板积水。</td></tr>
<tr><td colspan="5">8. 清洁洗手间内外壁板表面。</td></tr>
</table>

续表9—2

客舱清洁验收单	注：此单用于客舱航前、航后、过站清洁结束后，进行验收交接单据。其中航前、过站清洁验收由乘务长签字。航后清洁验收由机务签字。验收单据由清洁单位提供，不做统一要求，可参考此单内容。
客舱	1. 检查乘务员及旅客座椅套，进行清洁和更换，确保无开裂、无磨损、无脱色、无污物。更换头片，保证干净、整洁。门帘干净，无污渍。
	2. 清理旅客座椅靠背后方夹袋内的杂物，整理书报夹内的物品并摆放整齐。
	3. 清洁每个旅客小桌板并消毒。表面无水渍。
	4. 清洁每个旅客座椅两侧的扶手，并对座椅进行消毒。
	5. 清洁座椅腿缝隙、卡槽。
	6. 整理安全带并一字摆放于坐垫上。将过道两边座椅安全带扣好。
	7. 清洁客舱天花板、侧壁板上的脏痕、油污并消毒。
	8. 清洁客舱窗户内层玻璃和遮光板。
	9. 清洁座位上方面板上的脏痕和油污。
	10. 清洁行李架内外表面的油污、脏痕，清除行李架内的杂物。
	11. 清洁客舱地板污渍和灰尘。
	12. 对主客舱区域进行全面消毒。
门	1. 清洁登机门门框。
	2. 清洁登机梯两侧表面及正面污渍。
客舱清洁整体质量评定：	
乘务长/机务签字：__________ 清洁组长签字：__________	

课后练习

1. 什么是航空活动区？
2. 什么是国际联检区？
3. 简述初次申领通行证所需提交的材料。
4. 简述哪些是通行证的无效证件。
5. 简述值机、配载工作主要内容。
6. 简述客舱清洁意见处理流程。

附录一　全球三大航空联盟

全球航空公司三大联盟包括星空联盟、寰宇一家、天合联盟，旅客只需要拥有其中一家航空公司的会员卡，则乘坐该联盟内其他航空公司的航班，也能凭该会员卡累计里程。

一、星空联盟

星空联盟（Star Alliance）成立于1997年，总部位于德国法兰克福，是世界上第一家全球性航空公司联盟。

星空联盟英语名称和标志代表了最初成立时的五个成员：北欧航空（Scandinavian Airlines，Systems，SAS，也称斯堪的纳维亚航空公司）、泰国国际航空（Thai Airways International）、加拿大航空（Air Canada）、汉莎航空（Lufthansa）以及美国联合航空（United Airlines）。

星空联盟优惠包括：常旅客计划、星空联盟金卡/银卡等级、贵宾休息室、获得里程数/积分、星空联盟奖励、星空联盟升级奖励、转机、同一屋檐计划（成员航空公司在同一航站楼运营）。星空联盟产品和服务还包括特惠套票和航空通票。

通过星空联盟成员的共同协调与安排，将提供旅客更多的班机选择、更理想的接转机时间、更简单化的订票手续及更妥善的地勤服务。符合资格的旅客可享用全球超过990个机场贵宾室及相互通用的特权和礼遇。会员搭乘任一星空联盟成员的航班，皆可将累计里程数转换至任一成员航空的里程酬宾计划的账户内，进而成为该计划的尊贵级会员。金钻级会员可享受订位及机场后补机位优先确认权，优先办理机场报到、登机、通关及行李托运等手续。不仅如此，任一星空联盟的乘客只要是持全额、无限制条件的机票，如果在机场临时更改航班，不需要至原开票航空公司要求背书，便可直接改乘联盟其他成员的航班。

星空联盟自成立以来发展迅速，现拥有 28 家正式成员，航线涵盖了 192 个国家以及 1330 个机场。

附图 1—1　星空联盟标志

附图 1—2　星空联盟部分成员

二、寰宇一家

寰宇一家（Oneworld Alliance）是1999年2月1日正式成立的国际性航空公司联盟。由五家分属不同国家的大型国际航空公司发起结盟。其成员航空公司及其附属航空公司亦在航班时间、票务、代码共享（共挂班号、班号共享）、乘客转机、飞行常客计划、机场贵宾室以及降低支出等多方面进行合作。

寰宇一家各成员航空公司已于2005年4月完成电子机票互通安排的程序，亦是全球首个在成员航空公司之间实现电子机票互通安排的航空联盟。

截至2008年，寰宇一家飞行航线网涵盖共约150个国家700多个目的地。

附图1－3 寰宇一家标志

附图1－4 寰宇一家部分成员

三、天合联盟

天合联盟（Sky Team Alliance）是航空公司所形成的国际航空服务

网络。2000 年 6 月 22 日由法国航空公司、达美航空公司、墨西哥国际航空公司和大韩航空公司联合成立“天合联盟”。2004 年 9 月与“飞翼联盟”（也译为“航翼联盟”）合并后，荷兰皇家航空公司和美国西北航空公司亦成为其会员。

天合联盟通过联盟内所有航空公司的航班信息、座位信息和价格信息，帮旅客预订机票和座位，把中转旅客通过联盟航空公司的国内航线送到对方国家的各个城市。联盟的发展得益于其给旅客及联盟成员带来的日益明显的利益。联盟通过其伙伴关系向旅客提供了更多的实惠，包括各成员间常旅客计划合作，共享机场贵宾室，提供更多的目的点、更便捷的航班安排、联程订座和登记手续，更顺利的中转连接，实现全球旅客服务支援和“无缝隙”服务。

附图 1—5　天合联盟标志

附图 1—6　天合联盟部分成员

附录二 航空旅客与货物运输中的一些基本概念

1. 承运人：指包括填开客票的航空承运人和承运或约定承运该客票所列旅客及其行李的所有航空承运人。

2. 销售代理：指从事民用航空运输销售代理的企业。

3. 托运人：指为货物运输而与承运人订立合同，并在航空货运或者货物记录上署名的人。

4. 收货人：指承运人按照航空货运单或者货物运输记录上所列名称而交付货物的人。

5. 地面服务代理人：指从事民用航空运输地面服务代理业务的企业。

6. 旅客：指经承运人同意，在民用航空器上载运除机组成员以外的任何人。

7. 团体旅客：指统一组织的人数在 10 人以上（含 10 人），航程、乘机日期和航班相同的旅客。

8. 儿童：指年龄满两周岁但不满十二周岁的人。

9. 婴儿：指年龄不满两周岁的人。

10. 托运书：指托运人办理货物托运时填写的书面文件，是据以填开航空货运单的凭据。

11. 航空货运单：指托运人或者托运人委托承运人填制的，是托运人和承运人之间为在承运人的航线上承运货物所订立合同的证据。

12. 订座：指对旅客预订的座位、舱位等级或行李的重量、体积的预留。

13. 航班：指飞机按规定的航线、日期、时刻的定期飞行。

14. 有效身份证：指旅客购票和乘机时必须出示的由政府主管部门规定的证明其身份的证件。如：居民身份证、按规定可使用的有效护照、军官证、警官证、士兵证、文职干部或离休干部证明。

15. 客票：指由承运人或代表承运人所填开的被称为“客票及行李票”的凭证，包括运输合同条件、声明、通知以及乘机联和旅客联等内容。

16. 乘机联：指客票中标明“乘机联”的部分。该乘机联仅适用于该联指定的两点之间的运输。

17. 旅客联：指客票中标明“旅客联”的部分。该联由旅客持有。

18. 票价：指为旅客提供航空运输服务所收取的价格或费用。本规定指经国务院物价主管部门批准，由中国民航总局公布的票价。

19. 行李：指旅客在旅行中为了穿着、使用、舒适或方便的需要而携带的物品和其他个人财物。除另有规定者外，包括旅客的托运行李和自理行李。

附录三　护照

一、护照的定义

护照（Passport）是一个国家的公民出入本国国境和到国外旅行或居留时，由本国发给的一种证明该公民国籍和身份的合法证件。护照一词在英文中是口岸通行证的意思。也就是说，护照是公民旅行通过各国国际口岸的一种通行证明。所以，世界上一些国家通常也颁发代替护照的通行证件。

二、护照的种类

各国颁发的护照种类不尽相同。中国的护照分为普通护照、外交护照和公务护照。

普通护照又分因公普通护照和因私普通护照。

附图 3－1　**中华人民共和国护照**

因公普通护照主要发给中国国有企业、事业单位出国从事经济、贸易、文化、体育、卫生、科学技术交流等公务活动的人员、公派留学、进修人员、访问学者及公派出国从事劳务的人员等。

因私普通护照发给定居、探亲、访友、继承遗产、自费留学、就业、旅游和其他因私人事务出国和定居国外的中国公民。

中华人民共和国外交护照由中华人民共和国外交部负责签发，由中华人民共和国党、政、军高级官员，全国人民代表大会、中国人民政治协商会议和各民主党派的主要领导人，外交官员、领事官员及其随行配偶、未成年子女和外交信使持用。外交护照的封皮是红色，有 32 页及 96 页两种版本，后者供外交信使使用。

附图 3－2　中华人民共和国外交护照

中华人民共和国公务护照由中华人民共和国外交部负责签发，由中华人民共和国驻外使馆、领馆或者联合国、联合国专门机构以及其他政府间国际组织中工作的中国政府派出的职员及其随行配偶、未成年子女持用。

公务护照的封皮是墨绿色。公务护照是发给国家公务人员的护照，也有的国家称这种供政府官员使用的护照为“官员护照”。此外，各国都把这种护照发给驻外使（领）馆中的不具有外交身份的工作人员及其配偶和成年子女。

中华人民共和国公务护照为绿色封皮；另有黑色封皮公务护照，其作用相当于过去的普通护照，和绿色封皮公务护照有所区别。

公务护照由外交部、中华人民共和国驻外使馆、领馆或者外交部委托的其他驻外机构以及外交部委托的省、自治区、直辖市和设区的市人民政府外事部门签发。公务护照即因公护照。

附图 3—3　中华人民共和国公务护照

中华人民共和国普通护照由中华人民共和国公安部负责签发。2007年1月1日《中华人民共和国护照法》颁布以前，分为因公普通护照与因私普通护照。普通护照是指发给一般公民使用的护照。公民因前往外国定居、探亲、学习、就业、旅行、从事商务活动等非公务原因出国的，由本人向户籍所在地的县级以上地方人民政府公安机关出入境管理机构申请普通护照。普通护照由公安部出入境管理机构或者公安部委托的县级以上地方人民政府公安机关出入境管理机构以及中华人民共和国驻外使馆、领馆和外交部委托的其他驻外机构签发。普通护照即因私护照。

中华人民共和国因公普通护照主要颁发给各级政府、社会团体的一般工作人员和国有企事业单位因公出国人员。因公普通护照并非由公安部签发，而是由各地人民政府外事办公室负责接受申请和签发。封皮为深棕色。中华人民共和国因私普通护照主要颁发给出国定居、探亲、访友、继承财产、留学、就业、旅游等因私事出国的中国公民。封皮为暗红色。

中国颁布施行《护照法》后，因公普通护照更名为公务普通护照，划归公务护照的范围内，并由原来的浅紫色封面变为深棕色；而因私普通护照则更名为普通护照。

外交护照和公务护照有效期最长不超过5年，普通护照有效期最长不超过10年，期满后换发新照。香港特区护照的有效期一般为10年，签发给16周岁以下儿童的护照有效期为5年。澳门特区护照有效期一般为10年，签发给16周岁以下儿童的护照有效期为5年。

三、护照办理流程

（1）在户口所在地公安局出入境管理局网站预约或直接去排队取号。

附图 3−4　公安局出入境管理局

（2）复印户口本首页及本人页，身份证正反面复印到一张 A4 纸上，到指定地点照相备用。

附图 3−5　户口簿

（3）填写护照申请表。

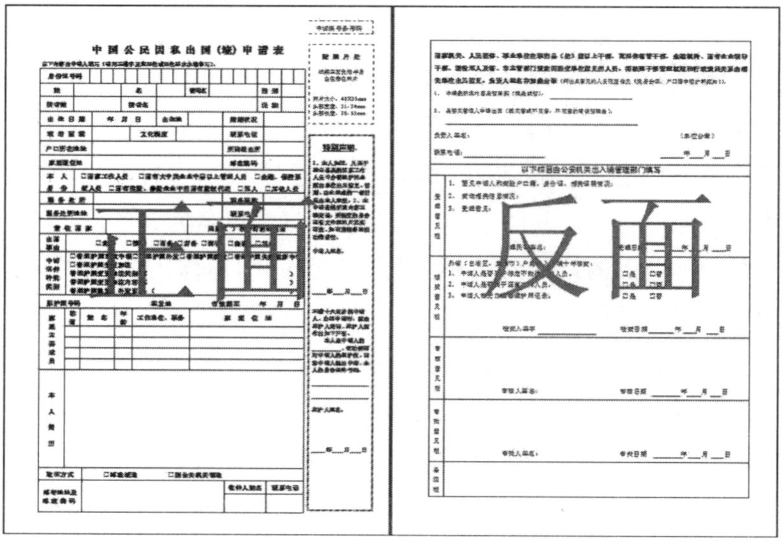

附图 3−6　中国公民因私出国（境）申请表样本

（4）办理护照。

（5）缴纳费用。

（6）领取护照或邮寄到指定地点。

附录四　签证

一、签证的定义

签证（visa），是一个国家的主权机关在本国或外国公民所持的护照或其他旅行证件上的签注、盖印，以表示允许其出入本国国境或者经过国境的手续，也可以说是颁发给他们的一项签注式证明。概括地说，签证是一个国家的出入境管理机构（例如移民局或其驻外使领馆）对外国公民表示批准入境所签发的一种文件。

附图 4－1　签证

二、护照与签证

护照是持有者的国籍和身份证明，签证则是主权国家准许外国公民或者本国公民出入境或者经过国境的许可证明。

签证一般签注在护照上，也有的签注在代替护照的其他旅行证件上，有的还颁发另纸签证。如美国和加拿大的移民签证是一张 A4 大的纸张，新加坡对外国人也发一种另纸签证。签证一般来说须与护照同时使用，方有效力。

三、签证的作用

签证是一个主权国家为维护本国主权、尊严、安全和利益而采取的一项措施。签证是一个主权国家实施出入本国国境管理的一项重要手段。一个国家的公民如果希望到其他国家旅行、定居、商贸、留学等，除必须拥有本人的有效护照或旅行证件外，另一个条件，就是必须获得前往国家的签证。通常情况下，一个国家发给外国人的签证，是以外国给其本国国民的待遇是否平等互惠为原则，对两国国民彼此往来给予同等的优惠和便利。但是，也有免签证国家，如持有中国护照免签证国家有 18 个，持有美国护照的免签证国家有 130 个，等等。

对外国人，一般均是根据申请者的身份和入境目的发给不同的入境签证，如旅游、探亲、移民、留学、工作等签证，并限制入境后的居留时间。因签证种类不同，要求提供的有关材料也不一样。一般对以短期居留为目的的申请限制较少，等待批准的时间也较短；对以长期居留为目的的申请则限制较多，等待批准的时间也较长。

一个国家没有允许外国人无条件入境的义务（有条约者除外），一个外国人也没有要求一国政府允许其入境的权利。一个主权国家对外国人入境永远是有条件限制的。

随着国际贸易、国际政治关系的发展，旅游业的兴旺，许多国家的签证规定趋于简化。各国之间也有互免签证或简化签证手续的协议。

四、办理签证流程

办理出国签证的一般流程是：确定签证类别→准备所需申请材料→到外国驻中国领事馆递交签证申请资料→等待→到领事馆取签证。

关键是准备所需申请材料，不同的国家、不同的签证类别差别比较大，需事先了解清楚。

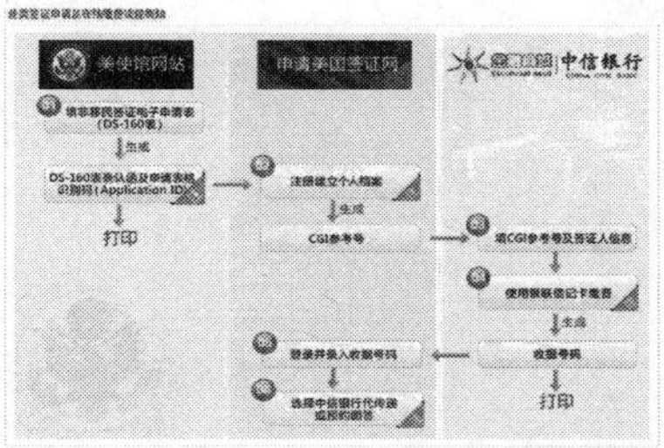

附图 4－2　赴美签证申请流程

五、中国免签证国家

中国免签证国家——与北京有直航：

（1）毛里求斯

（2）韩国济州岛

（3）美属北马里亚纳群岛联邦（包括塞班等）

（4）印度尼西亚

中国免签证国家——与北京无直航：

（5）圣马力诺

（6）塞舌尔

（7）萨摩亚

（8）马尔代夫

（9）海地

（10）格鲁吉亚

（11）文莱

（12）斐济

（13）科摩罗

（14）帕劳

（15）巴林

（16）约旦

中国免签证国家——有特殊规定或过程比较曲折：

（17）缅甸

（18）东帝汶

附录五　中国部分民用航空公司

一、中国国际航空股份有限公司

中国国际航空股份有限公司，其前身中国国际航空公司成立于1988年。

中国国际航空公司成立于1988年7月1日，是中国目前资产最多、运输量最大的航空运输企业。注册资本为15亿元人民币，资产总额359亿元人民币。总部位于中国首都北京。

根据国务院批准通过的《民航体制改革方案》，2002年10月，中国国际航空公司联合中国航空总公司和中国西南航空公司，成立了中国航空集团公司，并以联合三方的航空运输资源为基础，组建新的中国国际航空公司。

2004年9月30日，经国务院国有资产监督管理委员会批准，作为中国航空集团控股的航空运输主业公司，中国国际航空股份有限公司（以下简称国航）在北京正式成立。

2004年12月15日，中国国际航空股份有限公司在香港（股票代码0753）和伦敦（交易代码AIRC）成功上市。

国航致力于为旅客提供放心、顺心、舒心、动心的“四心”服务，拥有中国历史最长的常旅客计划——“国航知音”。国航在中国民航业内首家推出了以“平躺式座椅”和“全流程尊贵服务”为核心内容的中远程国际航线两舱服务，为旅客提供尊贵、舒适、便捷的出行空间和全程服务。国航拥有广泛的高品质客户群体，已经成为众多中国政府机构及公司商务客户首选的航空公司。目前常旅客会员总数超过1000万人。

国航具有很强的国内国际联程运输能力和销售网络，设在国内外的电话中心和99个营业部、162个售票处、近28000个销售代理人及28个国内外直销网站为中外旅客提供周到的服务。

二、中国南方航空股份有限公司

中国南方航空

CHINA SOUTHERN

中国南方航空股份有限公司（简称南航），是国内运输航班最多、航线网络最密集、年客运量亚洲最大的航空公司。公司坚持“安全第一”的核心价值观，标志是以天蓝色垂直尾翼饰抽象化的红色木棉花。南航先后联合重组、控股参股多家国内航空公司，是首家加入国际航空联盟的中国内地航空公司。南航与中国国际航空股份有限公司和中国东方航空股份有限公司合称中国三大航空集团。

中国南方航空股份有限公司秉承“客户至上”的承诺，通过提供“可靠、准点、便捷”的优质服务，致力于满足并超越客户的期望。截至2010年6月份，拥有超过800万会员、里程累积机会最多、增值最快的常旅客俱乐部——明珠俱乐部。南航在西安咸阳机场、乌鲁木齐地窝堡机场设有专用航站楼。

南航推出中国首张电子客票，率先提供电子客票网上值机和手机值机服务。“明珠”常旅客服务、地面头等舱公务舱贵宾室服务、南航中转服务、南航五星钻石服务热线“95539”等多项服务在国内民航系统处于领先地位。公司先后被多家机构授予“中国最佳航空公司”荣誉，并于

2004年1月获美国优质服务科学协会授予的全球优质服务荣誉——“五星钻石奖”。

三、中国东方航空股份有限公司

中国东方航空股份有限公司总部位于上海，是我国三大国有骨干航空运输集团之一。

2002年，以原东航集团公司为主体，在兼并原中国西北航空公司、联合原云南航空公司的基础上组建而成中国东方航空集团公司。

中国东方航空股份有限公司秉承“以客为尊，倾心服务”的理念，致力于建设一个“员工热爱、顾客首选、股东满意、社会信任”的世界一流航空服务集成商。

2009年以来，东航以全新的姿态迎来新的发展，荣膺“中国民航飞行安全五星奖”，被《财富》杂志评为“2011最具创新力的中国公司”，成为首家被国家工商总局认定为“中国驰名商标”的民航央企。东航连续三年累计赢利过百亿、净资产回报率位列央企前列，被第七届中国证券市场年会授予“金凤凰奖”。

“世界品位，东方魅力”，东航以“精准、精致、精细”的服务品质为全球旅客不断创造精彩的旅行体验。

四、海南航空股份有限公司

海南航空股份有限公司简称“海航”，是海南航空集团下属航空运输产业集团的龙头企业，是在中国证券市场 A 股和 B 股同时上市的航空公司。对海南航空集团所辖的中国新华航空有限责任公司、长安航空有限责任公司、山西航空有限责任公司实施行业管理。

1998 年 8 月，中国民用航空总局正式批准海南航空公司入股海口美兰机场，成为首家拥有中国机场股权的航空公司。

海南航空公司于 2010 年被评为中国内地首家五星级航空公司，世界上第七家五星级航空公司，由 SKYTRAX 评出。

海南航空追求“诚信、业绩、创新”的企业管理理念，凭借“内修中华传统文化精粹，外融西方先进科学技术”的中西合璧企业文化创造了一个新锐的航空公司。海南航空秉承“东方待客之道”，倡导“以客为尊”的服务理念。从满足客户深层次需求出发，创造全新飞行体验，改变旅客期望，立志成为中华民族的世界级航空企业和世界级航空品牌。以民航强国战略为主导，加速国际化布局，倾力打造规模和运营能力居世界前列的航空公司。

五、国泰航空有限公司

CATHAY PACIFIC
國泰航空公司

国泰航空公司（Cathay Pacific Airways Limited），成立于 1946 年 9 月 24 日，是香港第一家提供民航服务的航空公司，是太古集团及寰宇一家成员。国泰航空公司以香港国际机场作为枢纽。初创时以两架改装自 C－47 运输机的 DC－3 营运航班，开办往返马尼拉、曼谷、新加坡及上海的客运及货运包机业务。

国泰航空旗下的子公司包括港龙航空及华民航空。

其服务理念为：安全最为重要；服务发自内心；产品领导潮流；盈利与时俱增；员工能展所长。国泰航空的目标是使国泰成为全球最受赞赏的航空公司。

六、港龙航空有限公司

DRAGONAIR
港龍航空

香港港龙航空有限公司（Hong Kong Dragon Airlines Limited，简称“港龙航空”，Dragonair）成立于1985年，是一家以香港为基地的国际航空公司。

港龙航空为国泰航空的全资附属公司，是一家屡获殊荣的国际航空公司，通过香港这个航空枢纽，为客户提供优质的客运及货运服务。

港龙航空每周提供超过四百班航班前往中国内地，为旅客提供优质的航空服务。凭着其广阔的内地航空网络、频密的班次，以及在内地营运的丰富经验，港龙航空已连续六年在Skytrax研究机构的旅客调查中，获选为“中国地区最佳航空公司”。

港龙航空的全货运服务于2000年夏季正式推出。现在，港龙航空的定期货运航班服务遍及中国内地、台湾地区、香港地区。

七、澳门航空股份有限公司

澳门航空（Air Macau）成立于1994年9月13日。澳门航空的股东分别为中国国际航空公司（51%）、TAP葡萄牙航空（20%）、澳门旅游娱乐有限公司（14%）、长荣航空（5%）、澳门政府（5%）以及其他公众投资者（5%）。1995年11月9日正式投入商务飞行，首次开通从澳门至北京和上海航线。

公司文化理念：安全、可靠、高效率；热情、友好、优质服务；创收、发展、回报股东。

澳门航空充分利用各种资源提高生产力，致力于发展为亚洲最受欢迎的航空公司之一，为客户提供优质的运输服务。

八、长荣航空股份有限公司

1991年7月1日，长荣航空（EVA Air）肩负无数的期望正式起飞。营运至今，公司航点已遍及亚、澳、欧、美四大洲40余个城市，并通过与世界各主要航空公司策略联营合作，形成全球性完整的客货运航空网络。

长荣航空2003年引进A330－200及2005年引进B777－300ER机队时，皆推出创新的顶级舱等——“桂冠舱”，提供超越头等舱的贴心设备，领先台湾航空业界，全舱等配置最先进的AVOD（Audio/Video on Demand）自选交互式娱乐系统，缔造航空界新风范。

长荣航空继2003年陆续引进11架A330－200后，2005年起逐年导入15架波音777长程客机，成为长荣航空未来十年的主力机队，并以

"分享让飞行更愉悦"为诉求，持续延伸服务的触角，坚持以最优的质量，满足各种旅客不同的需求。

九、中华航空股份有限公司

中华航空股份有限公司，简称中华航空、华航（China Airlines），是台湾地区规模最大的民用航空企业。

公司总部位于台北市，主要的营运中心和转运站是台湾桃园国际机场。

公司客运和货运服务并重，航点遍布亚洲、大洋洲、欧洲和北美洲。

中华航空于 2011 年 9 月 29 日正式成为"天合联盟"成员，成为台湾地区首家加入国际航空联盟的航空公司。

十、复兴航空运输股份有限公司

复兴航空（TransAsia Airways）于 1951 年创立，为台湾地区第一家民营航空公司。1983 年由国产实业集团接手改组，创建活力充沛、创新多元的品牌色彩，使复兴航空成为兼具成熟资历与年轻活力的航空公司。

复兴航空现已发展成为拥有全球视野的国际性航空公司。提供台北、高雄、花莲及台东的航空客货邮运输业务，并代理各国航空公司客货邮运输业务。

复兴航空秉承"飞行安全，准时无误，服务至上，作业精确，制度严密"等原则，为旅客提供舒适便捷的空中旅行服务。

附录六 中国主要航空公司二字代码

二字代码	票证代码	中文名	英文名	网 址
CA	999	中国国际航空公司	Air China	www. airchina. com. cn
CZ	784	中国南方航空公司	China Southern	www. csair. com. cn
MU	781	中国东方航空公司	China Eastern	www. ceair. com
FM	774	上海航空公司	Shanghai Airlines	www. shanghai-air. com
3U	876	四川航空公司	China Sichuan Airlines	www. scal. com. cn/ www. 88888888. cn
EU	811	成都航空公司	Chengdu Airlines	www. chengduair. cn
HU	880	海南航空公司	Hainan Airlines	www. hnair. com
MF	731	厦门航空公司	Xiamen Airlines	www. xiamenair. com. cn
SC	324	山东航空公司	Shandong Airlines	www. shandongair. com. cn
ZH	479	深圳航空公司	China Shenzhen Airlines	www. shenzhenair. com
8L	859	云南祥鹏航空公司	Lucky Air CO.，LTD.	www. luckyair. net
BK	866	奥凯航空公司	Okay Airways CO.，LTD.	www. okar. net
G5	987	华夏航空公司	China Express Airlines CO.，LTD.	www. china expressair. com

续表

二字代码	票证代码	中文名	英文名	网　址
KN	822	中国联合航空公司	China United Airlines	www. ceair. com
HO	018	吉祥航空公司	Juneyao Airlines	www. juneyaoair. com
JD	898	首都航空公司	Beijing Capital Airlines	www. capitalairlines. com. cn
9C	089	春秋航空公司	Spring Airlines	www. china－sss. com
PN	847	西部航空公司	West Air	www. chinawestair. com
NS	836	河北航空公司	Hebei Airlines	www. hbhk. com. cn
JR	929	幸福航空公司	Joy Air	www. joy－air. com
KY	833	昆明航空公司	Kunming Airlines	www. airkunming. com
VD	981	河南航空公司	Henan Airlines	
CN	895	大新华航空公司	Grand China Air	
GS	826	天津航空公司	Tianjin Airlines	www. tianjin－air. com
KA	043	香港港龙航空公司	Hong Kong Dragon Airlines	www. dragonair. com
CX	160	香港国泰航空公司	Cathay Pacific Airways	www. cathaypacific. com
NX	675	澳门航空公司	Air Macau CO. ，LTD.	www. airmacau. com. mo
CI	297	台湾中华航空公司	China Airlines	www. china－airlines. com
BR	695	台湾长荣航空公司	Eva Air	www. evaair. com

参考书目

1. 刘贵和. 商务运输基础. 广汉：中国民航飞行学院，2001.
2. 刘得一. 民航概论. 北京：中国民航出版社，2010.
3. 赵影，钟小东. 民航客货运输实务. 北京：中国民航出版社，2007.